ZEN CALENDAR 365
THANKS EVERY DAY

毎日に感謝したくなる

禅ごよみ365日

枡野俊明

はじめに

禅語は禅の高僧たちが修行を重ねるなかで得た、ものの考え方や見方、行動の仕方、ひいては生き方についての気づきを短い言葉にあらわしたものです。その意味はとても深く、示唆に富んでいます。言葉を換えれば、禅の智慧の結晶ということがいい方ができるでしょう。

そして、もっとも重要なことは、それらはわたしたちが生きていくうえでの、もっといえば、日々の生活を送るうえでの、具体的な、また、貴重な指針やヒントをくれるということです。

本書では一年365日、どのように禅語を活かして暮らしていくか、その手がかりをまとめました。
人との出会いはもちろん、美しいものや新たな知識など、さまざまな出会いをとおして、心は豊かになり、幸せを感じるようになります。そんな出会いを禅では「縁」といいます。

いまのあなたと出会う「縁めくり」として……

本書を手にしてくださったことは、紹介している禅語と出会うこと、縁を結ぶことです。その縁は必ず、あなたに気づきを与え、幸せに導くことでしょう。ページを繰ることは「縁めぐり」です。

イライラしたり、ムカついたり……。日々の生活のなかで物事が思いどおりに運ばなかったとき、どうぞ、本書を手に取り、目をつぶってそっとページを開いてみてください。

パッと目に飛び込んできた禅語が、「いま」のあなたの心のモヤモヤをスーッと晴らしてくれるヒントになることでしょう。

変化は必ず訪れます。悩みや不安が取り除かれて、心がずっとずっと、軽くなります。ものごとをおおらかに見られるようになります。やるべきことがわかってきます……。そして、なにより、感謝の気持ちで毎日すごせるようになるのです。
それは、シンプルで清々しい、「禅的な暮らし」そのものです。
さあ、その一歩を踏み出しましょう。

合掌

令和元年十一月吉日　徳雄山建功寺　方丈にて

枡野俊明《ますのしゅんみょう》

毎日に感謝したくなる　禅ごよみ365日

もくじ

弥生 3月の禅語……78

卯月 4月の禅語……109

皐月 5月の禅語

水無月 6月の禅語

葉月　8月の禅語

長月 9月の禅語

神無月

霜月 11月の禅語

師走

毎日に感謝したくなる

禅ごよみ365日

睦月

家族そろって穏やかに新年を迎える

1月1日

太平歌有道《たいへいゆうどうをうたい》
和気笑迎春《わきげいしゅんをえむ》

世の中が平和であってはじめて、和気あいあいと新年を迎えられる。

新春を迎えて家族が顔をそろえるとき、おたがいに一人ひとりの表情を観察しましょう。ゆったりとして穏やかな表情が一堂に会したら、笑顔で明るく、全員で「あけましておめでとうございます」と声を合わせる。新たな年をスタートさせる最高の雰囲気がそこに広がります。これ、年明けの〝わが家の恒例行事〟にしませんか？

心は衰えることも、老いることもない

老いは誰にでも等しくやってきます。大切なのは、その受けとめ方でしょう。体力の衰えとともに心まで衰えてしまったら、しょぼくれ老人への道まっしぐらです。六十代、七十代になっても、〝青年の心〟をもちつづけることはできます。キーワードは〝好奇心〟かもしれません。

寿山青不老《じゅざんはあおくしておいず》

百年、千年の時を経ても、
山の姿は青々として変わらない。
寿山は長寿のたとえ。

1月2日

1月3日

何も思わず、からだが動くのがいい

ゴミが落ちていたら拾う、曲がったスリッパを直す、車内のお年寄りに席を譲る……。どれも当たり前のことですし、実際、そうしている人も多いでしょう。しかし、そのとき「よいことをしている」という意識がありませんか？ それが「はからい」です。無造作にからだが動くのが貴人のふるまい。その域をめざしましょう。

無《ぶ》事《じ》是《これ》貴《き》人《にん》

はからいもなく（無造作に）やる。
それが仏様の〝作法〟であり、
もっとも貴い処し方である。

1月4日

古今無二路《ここんにろなし》

達者共通同《たっしゃはともにみちをおなじゅうする》

何をやるかではない。
そのことを究めるために、ひたすらつとめれば、
どれもが真理に沿った生き方になる。

つづけることのなかに真理がある

このところの若い世代は腰が落ち着かない、といわれます。たとえば、就職しても、「この仕事は自分に向いていない」とすぐに見きりをつけ、辞めてしまうケースが少なくないとか。〝究める〟には、やりつづけるしかないのです。転換ではなく、継続を、まずテーマにしましょう。

「忙中閑あり」を実践する

壺中日月長《こちゅうじつげつながし》

壺中（悟りの境地）にいると、時間に縛られることがなく、ゆったりと自由に暮らすことができる。

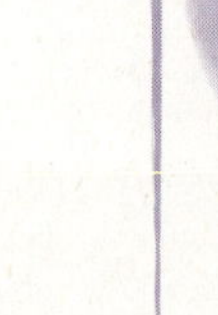

あわただしく日常生活を送っていると、ただただ時間に追われているという感覚になるかもしれません。しかし、そんななかにも「ホッとする」時間をつくることはできます。要は心のもちよう。仕事の手をやすめて、ほんの十分間、会社の屋上から夕日を眺める。からだからも、心からも、疲れが溶け出していきます。

自分で決めた道だから、踏みしめて歩んで行ける

吾道一以貫之《わがみちはいちをもってこれをつらぬく》

自分があゆむ道は、
一貫しているのがいい。

1月6日

他人の意見に耳を傾けることは大事です。しかし、それに振りまわされてはいけません。自分の人生を決めるのも、決めた人生を歩いて行くのも、自分なのです。余所見《よそみ》をしないで、力強く足を前に踏み出し、大地をしっかりと踏みしめながら、歩みを進めていきましょう。

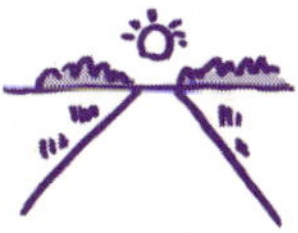

1月7日

ご近所トラブルに巻き込まれない〝秘訣〟

至道無難《しどうはかたきことなし》 唯嫌揀択《ただけんじゃくをきらう》

悟りにいたる道は
けっして難しい（険しい）ものではない。
ただ、選り好みをしなければいい。

お隣近所とのおつき合いで、ちょっと心が塞いだりするケースに、お隣さんが新車を買った、お隣の子どもが進学校に合格した、といったことがありそうです。そうなる原因はひとつ、選り好みをしているからです。新車購入や合格が〝○〟で、そうでないのは〝×〟というのがそれ。その選り好み（判断）から離れたら、心はたちまち晴れやかです。

また命をいただけた めでたさ、ありがたさ

壽山満瑞気《じゅざんずいきみつ》

壽山は長寿のこと。
その壽山にめでたい気が満ち満ちている。
長寿、健康を言祝《ことほ》ぐ禅語。

1月8日

「門松は冥土の旅の一里塚めでたくもありめでたくもなし」。一休さんが詠んだとされる狂歌です。たしかに、新年はひとつ年を重ね、冥土に近づくことですが、いっぽう、その年も命をいただくことができた、と解釈することもできます。そう受ければ、めでたさ、ありがたさ、この上なし、ということになります。そちらでいきましょう。

春の兆しを見つけに歩く

雪裏一枝春《せつりいっしのはる》

雪のなかにあっても、
梅花の一枝が開き、
春の気配が感じられる。

寒い地方ではまだ雪が残り、爛漫の春には早いこの時期にも、早春の兆しは顔をのぞかせているものです。禅語のいう、いち早く開花した梅花《ばいか》もそうですし、草の芽吹きもそうでしょう。そんな〝かすかな春〟を見つける散策も、なかなか味わいがあるのではないでしょうか。さあ、誰よりも先に春に出会いましょう。

足を止めて、春を体感する

天下梅花生《てんかばいかをしょうず》

寒い冬を耐え抜いて開いた梅の花の一輪に、春そのものが過不足なく宿っている。

1月10日

現代人がなくしたもののひとつが「季節感」ではないでしょうか。住まいも仕事場も冷暖房が完備されているため、季節の移ろいを体感することがない。自然は季節を映し出しています。公園やどこかの家の庭先からのぞいている梅の花の前で、足を止めてみませんか？　そして、そのかぐわしい香りを胸いっぱいに吸い込む。春を体感しましょう。

1月11日

風の冷たさにも、たしかな春が感じられる

日本の一月は、まだ寒さ一色の感じですが、晴れわたった日の朝に窓を開け放ち、澄み切った外気を部屋に取り込みましょう。すると、からだが引き締まる冷たさのなかにも、かすかな春の足音が聞こえます。そんな瞬間、心はたしかにあたたかな春を感じています。

瑞気満堂春《ずいきまんどうのはる》

瑞気はめでたい気のこと。
それが部屋中に満ち満ちて、
あたたかな春を感じさせてくれる。

1月12日

日々新又日新《ひびにあらたにしてまたひにあらたなり》

毎日が新しい日である。
いつも、新たな気持ちで、
その日を全力ですごさなければいけない。

目覚めたら、まず、深呼吸をする

迎える朝には、太陽も空気も風も、木々や草花、水の流れなどの自然も、新しい命を輝かせています。そのなかで、人間だけが昨日（過去）を引きずったりしています。目覚めたら、外気のなかで深呼吸を数回。新鮮な朝の空気をからだ中にめぐらせて、新しい命が吹き込まれるのを感じ、一日をスタートさせましょう。

この一年、健康、長寿でありますように……

1月13日

新年はその年の安寧を思う時でもあります。「この一年、家族が何ごともなく、健康で、仲よく、暮らせますように……」。そんな願いとともに、この禅語の風景を思い浮かべてみてはいかがでしょうか。安寧の原点は何といっても、家族みんなの健康であり、長寿です。

白鶴宿老松《はっかくろうしょうにやどる》

鶴も松も長寿の象徴。

白い鶴が、雪のなかで青々とした葉を茂らせる老松に止まっている、めでたい風景に長寿を願う。

一杯のお茶で、心がまえを整える

春坐天地《はるてんちにざして》
尽只茶一碗《ただちゃいちわんをつくす》

春は天地自然のなかにすわり、悠然として、ただひたすら、一碗の茶を飲み尽くす。新年を迎え、自然と一体となった人生の醍醐味を味わう。

1月14日

めでたくも、あわただしくすぎていくのが年初です。正月気分が抜けて、人心地ついた頃に、ゆったりとした時間をもって、始まったばかりの一年を充実してすごす心がまえを整えてはいかがでしょう。窓外の風景（自然）を眺めながら、一杯のお茶を心ゆくまで味わう。そんな時間が心の〝整備〟にはふさわしいと思います。

1月15日

冬の早起きは、三文以上の得

四季を通して、いちばん空気が澄んでいるのが冬。朝焼けの空の色の美しさも際立っています。気合いを入れて、日の出前に起床し、一度、朝焼けを眺めてはいかがでしょうか。肌をさす外気の冷たさも手伝って、一瞬で身心が目覚めますし、自然にしか描けない空の色調は、目を奪わずにはいないはず。深く心に刻まれる情景になるでしょう。

彩鳳舞丹宵《さいほうたんしょうにまう》

五色の羽毛をもつつがいの鳳凰《ほうおう》=彩鳳が、赤く染まった空に舞っている。めでたい情景。

お祝いごとに、ちょっと禅語を披露する

ご両親やお世話になった方の長寿の祝いで、プレゼントやお手紙を差し上げることがあると思います。その際に書き添える言葉として、最適の禅語です。また、結婚式の披露宴で祝辞を述べるときなどにも、「お二人、そして、ご両家にこんな禅語をお贈りしたいと存じます」といって紹介するのもよし。声に出して伝えたい禅語です。

鶴舞千年松《つるはまうせんねんのまつ》
亀遊万年岩《かめはあそぶまんねんのいわ》

鶴、亀、松、岩のいずれも長寿、
長く変わらないものの象徴。
それらを連ねたこの禅語は、
さまざまな言祝ぎ（祝いごと）に使われる。

1月16日

1月17日

めでたさを墨跡にしるす

慶雲生五彩《けいうんごさいをしょうず》

慶雲はめでたい雲。五彩は無限の色。無限の色に染めあげられためでたい雲は、最高度のめでたさをあらわす。

かつてはお正月にこの禅語が書かれた軸を床の間にかけたりしていました。いまは床の間がない家も多いと思いますので、「書き初め（墨跡）」でこの禅語をしるすというのはいかがでしょう。一筆一筆をていねいに運んでいると、心にめでたさがあふれてきます。新年にふさわしい素敵なひとときです。

一本の老松に真理を見る

寒松千歳色《かんしょうせんざいのいろ》

老松は千年の時を超えて、変わることなく、青々とした葉を茂らせている。時を超えて変わらないものは真理である。

1月18日

誰でも「真理って何だろう？」と考えることがあるはずです。真理というと、深遠なもの、自分の手の届かないところにあるもの、というイメージがあるかもしれません。そうではないのです。一本の老いた松の姿は、真理をそのままそこにあらわしています。大切なのは、そのことに気づくことです。

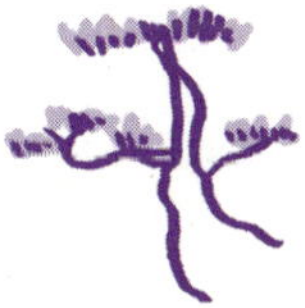

1月19日

やっかいなことのなかに大きな喜びが隠れている

やっかいな仕事、面倒くさい仕事は、できれば敬遠したい、と思っていますか? しかし、その一方では、仕事で達成感、充実感を感じたいとも、思っているのではないでしょうか。やっかいな仕事、面倒な仕事ほど、なし遂げたときの達成感、充実感、そして、喜びも大きいのです。この〝法則〟は絶対です。

一枝梅花和雪香《いっしのばいかゆきにわしてかんばし》

雪のなかで梅が花開き、香りを漂わせている。
厳しい寒さをくぐり抜けたからこそ、
その美しさ、かぐわしさが際立つ。

全力を出し尽くした先に、心地よさ、爽やかさがある

山呼万歳声《やまはよぶばんぜいのこえ》

登った山の頂に立って、山とひとつになると、山全体が「万歳」と歓呼の声をあげているのが聞こえる。

1月20日

禅では脇目もふらず〝そのこと〟に集中することを、ひとつになる、一昧になる、といいます。時間の経つのも忘れて仕事に没頭する。それが仕事とひとつになっている姿です。仕上がったときにわき上がってくるのは、心地よい満足感、爽快な納得感でしょう。「万歳」の声が聞こえるというのは、そういうことです。

外歩きで春を感じる

1月21日

春日多佳気《しゅんじつかきおおし》

うららかな春の日は、
心も晴れやかにすごすことができる。

一月でもやわらかい陽射しが降り注いで、春の気配が色濃く感じられる日があります。そんな日は部屋に閉じこもっていないで、外に出かけましょう。自宅の周辺をブラブラと歩いてみるのもいいですし、少し足をのばして郊外を散策するのもいい。早春の兆しを心いっぱいに、からだ全体で満喫しましょう。

どんな迷いにも、必ず、吹っ切るきっかけが訪れる

人は迷いと無縁ではいられません。迷いながら生きている、といってもいいかもしれませんね。しかし、どれほど深い迷いのなかにいても、ふとしたきっかけで、それが吹っ切れるものです。あせらずにその時機を待ち、きっかけを見逃さないことです。

破雲寒月明《くもやぶれてかんげつあきらかなり》

冬の夜、月（悟り）を覆っていた雲（迷い）に、ふっと切れ目ができ、月が明らかになる。

1月22日

1月23日

手習いに、年齢制限はない

老鶴万里心《ろうかくばんりのこころ》

鶴は老いても、はるか万里の彼方まで飛んで行こうとする心をいだいている。いくつになっても、志を失ってはいけない。

年配者が何か新しいものに取り組むと、「年寄りの冷や水」などと揶《や》揄《ゆ》されたりします。しかし、チャレンジ精神は若さ、元気の源です。冷水を浴びても、ビクともしないくらいの気概をもちましょう。わたしの知り合いにも、六十歳を過ぎてから登山を始めた人がいます。七十の手習い、八十の手習い、おおいにけっこうじゃないですか。

置かれた場所で精いっぱい生きる。そんな人生がいい

老松多寿色《ろうしょうじゅしょくおおし》

長い歳月を経てきた老松は長寿の象徴。長寿は何にもまさるめでたいことである。

1月24日

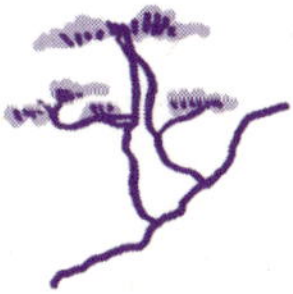

松の寿命は五百年とも、千年ともいわれます。幅があるのは、もちろん、生えている環境に左右されるからです。芽吹き、育った環境のなかで、風雪に耐えて生き、朽ちていく。天に命を預けきったそんな松の姿には、おおいに学ぶところがありそうです。自分が置かれた環境、置かれた場所で、精いっぱい生きましょう。

1月25日

その場の空気は、いる人しだいで変わる

人はその場の空気を変えます。物腰がやわらかく、気持ちが穏やかな人は、そこにいるだけで場を和ませてくれますし、居丈高《いたけだか》であったり、不機嫌さをあらわにするような人がいると、場の空気はピリピリと緊張したものになって、居心地が悪くなります。態度やふるまいが場に与える影響を心にとどめておくのが、〝大人〟というものでしょう。

和気似春風《わきしゅんぷうににたり》

和やかな雰囲気をたたえている人は、
のどかな春風にも似て、
周囲の人たちを和ませる。

どの時間もかけがえのない〝時〟にする

その日に会う誰でもよいですから、いっしょにいる時間、その人のことだけを思って接してみましょう。どうしたらその人とともに心地よい時間をすごせるか、そのために自分は何ができるのか、そのことをじっくり考え、実践するのです。たとえ十分でも、それはきっと、あなたの人生にとってかけがえのない時間になるはずです。

一《いち》期《ご》一《いち》会《え》

その人と会う機会は一生に一度きり。
二度と戻らないその時間を大切にする。

1月26日

素直な心が自分を磨いてくれる

1月27日

直《じき》心《しん》是《これ》道《どう》場《じょう》

自分を磨く道場は、人里離れた場所にあるのではない。
素直な心でいれば、どこででも磨くことができる。

自分を向上させるため、成長させるために、力んで特別なことをする必要はありません。その時どきに直面している状況を、素直にあるがまま受けとめて、そこでやるべきことを一生懸命にやっていく。その積み重ね以上に自分を磨いてくれるものはないのです。

家庭内の〝和気づくり〟をしていく

もっとも心を安らかにさせてくれて、心の癒やしともなるのは、家庭内に満ち満ちている〝和気〟でしょう。そこで、和気づくりの提案をひとつ。家人が食事を出してくたら、「ありがとう」。食べ終えたら、「おいしかった」。この二語の発信を、日々、励行したら、まちがいなく、和やかな空気が満ちてきます。ぜひ、トライしてみてください。

和気満高堂《わきこうどうにみつ》

寺の本堂に和やかな空気が満ちている。
初春のめでたい風景。

1月28日

1月29日

〝いっしょに食事〟を家族のルールにする

和《わ》敬《けい》清《せい》寂《じゃく》

おたがいが和み、敬い、
清らかな心で向き合って、
静かな空間をつくり出している。

現代の生活スタイルは、家族みんなで食卓を囲む機会が減っているのではないでしょうか。そこで提案です。月に一回でもよいですから、家族全員で食事をすることを、家のルールにしてはいかがでしょう。そろって食事をすれば、そこは家族ですから、素の自分に戻ることができますし、自然に会話も交わされ、それぞれの近況もわかって、和敬清寂の世界が展開します。

いつでも、どこでだって〝らしさ〟をなくさないでいる

人間関係のなかで、人に合わせたり、自分を抑えたり、していることはないでしょうか。たしかに、それで関係は円滑になるかもしれません。しかし、いつか自分が苦しくなり、つらくなってきます。〝主人公〟を置き忘れているからです。いちばん大事なのは、自分らしさをなくさないこと、いつでも自分らしくあることです。

主人公《しゅじんこう》

主人公は本来の自分のこと。
どんなときも、本来の自分を
見失わないでいることが大事。

1月30日

1月31日

一杯のお茶を分け隔てなくふるまう

喫茶去《きっさこ》

誰に対しても、同じように
「どうぞ、お茶を召し上がれ」といえる。
それが分別のない禅の世界。

来訪者にお茶を出すとき、相手を“選別”していませんか？　大切な人だから「おいしいお茶を淹れなくてはいけないな」、あまり歓迎できない人だから「ぞんざいでいいや」。そのふるまいの違いは心のくもりです。どんな人に対しても、心を込めて、お茶を淹れる。さあ、くもりを拭って、清々しい心になりましょう。

どんな日も、貴重な人生の一ページ

人は日々、さまざま経験をしながら生きています。なかには、二度としたくないと思える厳しい経験、苦しい経験もあるでしょう。しかし、それも自分の人生にとってなくてはならない経験なのです。厳しさからやさしさを、苦しさから思いやりを、学ぶこともできる。どんな日も、そんな貴重な経験をさせてくれる〝好日〟です。

日《にち》日《にち》是《これ》好《こう》日《にち》

雨の日も晴れの日も、楽しい日もつらい日も、
その日、その日が、
人生のかけがえのない一日である。

2月1日

2月2日

小さな移ろいにも感動する

春光日々新《しゅんこうひびあらたなり》

穏やかな光が降り注ぐ春の景色は、
日々、変化していく。
とどまることがないその移ろいが真理である。

移ろいを肌で感じることは、感動をもたらします。「あっ、昨日はつぼみだったのに、今朝は花が開いている！」。感動するのは、人知のおよばない〝力〟をそこに見るからでしょう。いつも通る道のどこかに自然を見つけて、〝定点観測〟をしてはいかがでしょう。樹木でも草花でも、その小さな変化を見つづけていく。おすすめしたい習慣です。

差を認めなければ、調和のある平等はない

男女は平等ですが、からだのしくみや体力などの点では差があります。おたがいにその差を認めたうえでの平等でなければ、世の中おかしなことになる。親子、教師と生徒、上司と部下……といった関係も同じ。それぞれが立場をわきまえて接するところに、調和が生まれるのです。「親しき仲にも礼儀あり」が大切です。

花枝自短長《かしおのずからたんちょう》

さまざまな花に同じように春がきている。
しかし、その枝には短いものも、長いものもある。
平等と区別が調和した世界の意。

2月3日

2月4日

苦労と喜びは比例している

ものごとが想像以上にうまくまわって、すばらしい決着をみた。そんなときの喜びは、どの程度のものでしょうか。「今回はラッキーだった」という気持ちが先に立って、心の底からわき上がってくるような喜びは得られないと思うのです。やはり、刻苦精進の末の決着であってはじめて、喜びも最大限になるのです。

鶯聲告春《おうせいはるをつぐ》

鶯の囀りを聴いて、春の訪れを知る。
長い冬を耐え抜いたところに、
ほんとうの春の喜びがある。

何もしない時間が心を静める

閑遊雪月花《せつげっかにかんゆうす》

四季の移り変わりの風情には、仏性がそのままあらわれている。ゆったりと心静かに、それに身をまかせる。

2月5日

現代人は常にせわしなく、何かに取り組んでいます。言葉を換えれば、何かをしていないと心もとない、手持ち無沙汰と感じる、ということなのでしょう。何もしない時間をもつことは大切。心が静かになります。この時期、北の地方なら雪景色をただ眺める、南の地方なら開花した梅をただ見ている。そんな時間を、ぜひ、もちましょう。

2月6日

季節の移ろいとともに生かされているありがたさ

自然有春意《じねんにしゅんいあり》

自然の景色には春の気配があますところなくあらわれている。

自然は、はからいなどいっさいなく、季節の移ろいを現じています。つぼみのふくらみ、やわらかな風のそよぎ、まばゆさを増した陽の光……。よく晴れた日に早起きをし、少し早めに家を出て、ひと駅分歩いてみませんか？　公園や木立を通り抜けながら、移ろいとともに生かされている自分を実感すると、感謝の念がわいてきます。

情報は煩悩のもと、管理を徹底する

紅炉上一点雪《こうろじょういってんのゆき》

赤々と燃える炉に舞い落ちるひとひらの雪は、瞬時に跡形も残さずとけていく。思い（雪）をとどめない心（炉）をもつことが大切である。

この時代、インターネットなどを介してあふれんばかりの情報が押し寄せてきます。情報は、「あっ、これが欲しい！」といった思い（煩悩）を呼び起こします。いったんそれに負けると、振りまわされることになってしまう。まずは、必要最小限の情報だけを入手する。そんな〝管理術〟が必要かもしれません。

2月7日

自然のなかで、心の重荷を下ろす

2月8日

日本の四季折々の美しさは、あらゆる自然にあらわれています。しかし、自然との触れ合いが少ない（ほとんどない）のが現代人の生活の特徴ではないでしょうか。もったいないかぎりです。自然の美しさに触れると、心が空っぽになります。意識して自然と触れ合う機会をもち、心を空っぽに、軽くしましょう。

雪《せつ》月《げつ》花《か》

雪、月、花は、美しい自然を象徴するもの。移ろう自然は、どれも、いつも、美しい。

苦労は輝く自分への助走

梅花雪裏香《ばいかせつりにかおる》

冬の寒さに耐えてきた梅が、
雪のなかで開花し、いい香りを放っている。
苦労を経た先に、輝きがある。

2月9日

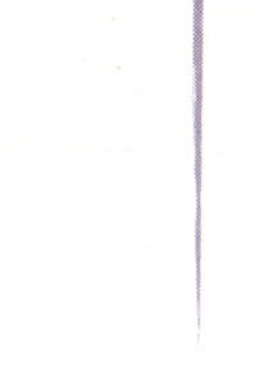

なぜ、自分だけがこんなに苦労を背負い込むのだ、と感じて気が滅入ることがあるかもしれません。苦労を〝助走〟だと考えませんか？　一皮向けるためには、少し成長するためには、助走が必要です。その先にある輝きを増した自分を見据えたら、苦労の受けとめ方が変わります。

一杯のお茶は緊張をとく特効薬

2月10日

人生には緊張を強いられる場面が幾度となくあります。肩に力が入り、息づかいも荒くなって、心は平静をなくします。そんなときには、お茶を一杯飲みましょう。お茶には気分を静める作用がありますし、ゆっくりいただくことで、間がとれ、緊張がゆるみます。

且《しゃ》坐《ざ》喫《きっ》茶《さ》

まあ、ちょっとそこに座って、お茶でも飲みなさい。

どんなにがんばっても、まだ、がんばれる

百尺竿頭進一歩《ひゃくしゃくかんとうにいっぽをすすむ》

長い竿の先まで上りつめても、さらにそこから一歩を進める。悟りに終わりはない。

2月11日

精魂を傾けて何かに取り組んで、全力を尽くしきった、と思えることがあるでしょう。満足感に浸るひとときかもしれません。しかし、そこからが勝負です。何かもっとできることを考え、実践していく。それが、〝もっとできる自分〟に引き上げてくれる原動力です。禅の修行がまさにそれ。もうこれでいい、ということがないのです。

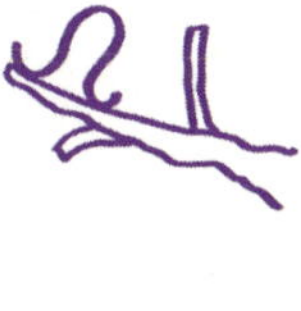

2月12日

朝、三十分早起きする

人は煩悩につかまりやすいものです。ごく卑近なことでいえば、朝、「もう少し寝ていたい」というのもそう。ですから、それを封じて、決まった時間に起きるようにすることも、煩悩をひとつ消すことになります。朝はいままでより三十分早起きをする。そんなテーマを着実に励行していきましょう。

雪《ゆき》消《きえて》山骨《さんこつ》露《あらわる》

雪がとけてきて、岩肌があらわれるように、
煩悩が消えると、
内なる仏性が明らかになってくる。

つまらない日がありがたい

無《ぶ》事《じ》

何もないところに、悟りの境地がある。

2月13日

人は楽しいこと、うれしいこと、喜びが感じられることを求めがちです。だから、「きょうは何の変哲もないつまらない一日だった」などと嘆くことにもなる。しかし、ほんとうの心の安らぎは、何も求めないこと、何も起こらないこと、にあるのです。〝何の変哲もない日〟〝つまらない日〟にこそ、感謝しましょう。

老いを円熟ととらえる

2月14日

老いを衰え、あるいは喪失ととらえている人は少なくないと思います。たしかに、気力は衰え、体力は失われるかもしれません。しかし、それまで紡いできた人生の時間、積み重ねてきた経験がもたらす〝円熟味〟は、若い世代には、到底、およびもつかないものです。それを活かす生き方をするよう、つとめていきましょう。

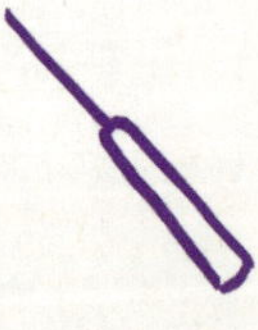

閑古錐《かんこすい》

使い込んで先が丸くなった錐《きり》は、穴を開ける道具としては切れが鈍くなるが、歴史を経てきた独特の風合いがある。

笑えなかったら、笑う努力をすればいい

一笑千山青《いっしょうすればせんざんあおし》

どんな困難も、
笑い飛ばしてしまえば、
道が開けてくる。

2月15日

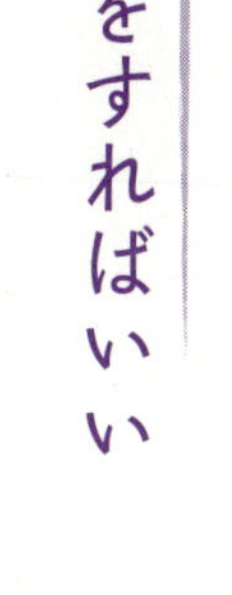

人生では何度も難局に立たされることでしょう。そんなとき、心は縮こまりがちです。しかし、笑ったら、そこから抜け出す道が、必ず、見えてきます。「笑える状況じゃない」。たしかに、そう。しかし、笑う努力はできます。まず、大きく深呼吸をして、縮こまった心をほぐしましょう。そこから、笑いまでは、ほんの、もう一歩です。

2月16日

袋小路にいても、気づけば出口が見つかる

迷いや悩みのなかにいて、出口が見つからないような気がすることがあるでしょう。しかし、どこかから、必ず、光は差し込んでいるのです。そのことに気づくことが大切。へこんでばかりいないで、気持ちを前に振り向ける。それが、迷い、悩みのなかにあって、出口を見つけるコツです。

昨夜《さくや》雪《ゆき》深《ふかく》月《つき》正《まさに》明《あきらかなり》

降り積もった雪が一面を銀世界にしても、月明かりはずっと照らしつづけていてくれる。

独り、来し方、行く末を思う

いま、その瞬間の命は、円の一点です。すなわち、それまで生きてきた結果（終着点）であり、これから生き始める出発点でもあります。独りになって、静かに、これまでの来し方、これからの行く末を思う。人生のどこかでそんな時間をもつことがあってもいいですね。

円《えん》相《そう》

一筆で描く丸い「円」は
どの一点も出発点であり、終着点である。
始まりもなく、終わりもない。
それが禅の考える人生。

2月17日

2月18日

何もかもないのが、本来の自分の姿であることを知る

生きているあいだには、何か大切なものをなくして、失意のどん底にいる感覚になることがあるのではないでしょうか。そんなときは、この禅語を思い出してください。たとえ、何もかも失ったとしても、それは、本来の自分に戻っただけのことです。ですから、そこからやり直せばいいし、必ず、やり直すことができるのです。

本《ほん》来《らい》無《む》一《いち》物《もつ》

人はもともと、何ひとつもたない姿、執着も、我欲もない姿で生まれてくる。

2月19日

無《む》尽《じん》蔵《ぞう》

こだわりや執着から離れると、
無限の可能性があることに気づく。

人は無限の可能性をもって生きている

つらい状況からなかなか立ち直れないということがあります。たとえば、失恋。いつまでも心の痛手を引きずっているのは、去って行った相手にこだわっている、執着しているからです。そして、「もう恋なんかできない」なんて思ってしまう。しかし、こだわりや執着を断ち切ったら、いくらでも新しい恋ができます。そこに気づきましょう。

松を育て、長寿にあやかる

2月20日

青松寿色多《せいしょうじゅしょくおおし》

禅は常緑樹である松に長寿を重ねる。
青々とした松は、そのまま長寿を象徴している。

松は、その美しい枝ぶり、変わらぬ葉の緑、風格ある老いた姿……などから、中国や日本では樹木の王様といわれています。平安時代に始まったとされる「盆栽」でも、松は主役です。リタイア後に盆栽を趣味にするのもいいのではないでしょうか。手塩にかけて小ぶりの松を育て、長寿にあやかる。長閑《のどか》でほほえましい晩年の暮らしではありませんか。

2月21日

時には全員一丸となる〝儀式〟をする

清坐一味友《せいざいちみのとも》

仲間が集まり、
同じ釜の湯で点てたお茶を味わいながら、
心をひとつにする。

「これから一杯どうだ?」「いえ、けっこうです」。このやりとり、いまは社内の〝常識〟だそうですが、重要なプロジェクトに着手する際などは、メンバーが同じ鍋を囲み、盃を交わして、心をひとつにすることがあっていい、と思います。飲みニケーションという古びた会社内文化にも、活用すべき〝時〟と〝状況〟はあります。

2月22日

なし遂げたそのあとの努力こそが大事

仕事でもプライベートなことでも、自分が思ったとおりの結果が得られたら、そこで満足してしまいがちです。しかし、禅はさらにその先を見据えて、努力をつづけなさい、と教えます。自分がとどまることなく、成長していく、向上していくカギは、じつはそのことにあるのです。

白珪尚可磨《はっけいなおみがくべし》

完全無欠の白い玉であっても、
さらに磨きつづけることを忘れてはいけない。

老松に、生を、命を、思う

禅は松を仏に見立て、その姿に説法を聞け、としています。樹齢千年を数えようかという老松は、命の営みのすばらしさ、あるいは、すさまじさを説いているようでもあります。それを見ることは、みずからの生について、命について、考えてみる契機になるのではないでしょうか。

松樹千年翠《しょうじゅせんねんのみどり》

松はいくら樹齢を重ねても、風雪に耐え、緑葉を茂らせている。雄々しく逞しい命がそこにある。

2月23日

2月24日

見えない努力が、一流と二流を分ける

春風花自開《しゅんぷうにはなおのずからひらく》

春風が吹き、つぼみを堅くしていた草木が、いっせいに花開かせ、息吹に満ちた風景が展開している。

春風によって花開くのは、つぼみのうちにしっかり準備を整えてきたからです。しかし、外からはそれが見えません。見えない努力といっていいかもしれませんね。イチロー選手が代表格だと思いますが、超一流のアスリートは、見えない努力の天才です。ビジネスパーソンも同じ。いかにそれを積み重ねられるかが、一流とそれ以下を分けます。

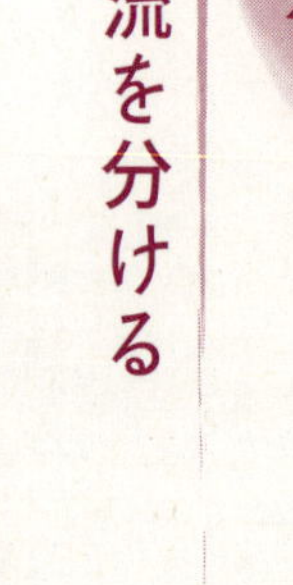

2月25日

時には言葉から離れてみる

大切なことを伝えるとき、言葉を連ねれば連ねるほど、ほんとうに伝えたいことから離れていってしまう、という感じをもったことがないでしょうか。「沈黙」がよりよく、より深く、思いを伝えることはあります。いわずもがな、という言葉があるように、日本人には心から心へ伝える遺伝子が備わっているのです。言葉を超えた伝達力を信じましょう。

以《い》心《しん》伝《でん》心《しん》

悟りや真理は言葉では伝えることができない。
心から心へ伝えるものである。

「～ながら」を封じるのが禅の作法

一行三昧《いちぎょうざんまい》

何ごとも、ひたすら、それだけを一生懸命にやる。禅はそれを「一味（ひとつ）になる」という。

仕事をしながら、退社後の飲み会のことを考える。逆に、飲んで（遊んで）いても、翌日の会議のことが気になる。そんなことがあるのではないでしょうか。禅は仕事のときは仕事を、飲む（遊ぶ）ときはそのことを、一途にやりなさい、と教えています。「～ながら」で取り組むことは、すべて中途半端にしかできないのです。

好きなことを夢中でやるのが「禅」の老い撃退法

人は興味を掻き立てられるもの、夢中になれるものがあると、心にもからだにもエネルギーが注入されて、いきいきしてきます。それが、〝安中〟という状態です。仕事から離れて一気に老け込んでしまう人がいますが、趣味でもいい、スポーツでもいい、何か好きなことを見つけ、楽しく取り組んで、いつまでも老いとは無縁でいましょう。

夢中で

2月27日

安中不老人《やすらかななかふろうのひと》

心もからだも安定している人は、
見た目も、ふるまいも、
老いを感じさせない。

自分の痕跡は、自分で引き受けるしかない

ものごとに最大限の努力を傾けて取り組む。適当に誤魔化《ごまか》して処理してしまう。対照的な向き合い方です。

仮に結果が寸分違わないものであったとしたら、誤魔化したほうがラクだというふうにも思えます。しかし、努力をした跡、誤魔化した跡は、必ず、残ります。その跡を引き受けていくのは、いうまでもなく、自分です。

魚行水濁《うおゆけばみずにごる》

魚が清らかな水のなかで泳ぐと、
自然と水は濁る。
人は気づかないうちに痕跡を残している。

そのまま、そのまま、がいい

春有百花秋有月《はるにひゃっかありあきにつきあり》
夏有涼風冬有雪《なつにりょうふうありふゆにゆきあり》
若無閒事掛心頭《もしかんじのしんとうにかかることなくんば》
便是人間好時節《すなわちこれじんかんのこうじせつ》

四季はそれぞれ美しく、すばらしいものをもたらしてくれる。
そのすばらしさを受けとめ、あれこれ思い煩うことがなければ、
春夏秋冬、どれもがよい季節である。

2月29日（うるう日）

雪景色の静けさ、涼《すず》やかさには、格別な趣きがあります。それをそのまま「すばらしいなぁ」と受けとめたらいいのですが、ともすると、「寒くてかなわないや。これじゃあ、外にも出られやしない」などと愚痴ったり、不平をいったりするのが人間です。自分を生きづらくしている要因のひとつがそれ。そのまま、そのまま……ですよ。

弥生

3月1日

古いことのなかに、ヒントが見つかる

イノベーション（技術革新）が喧伝されています。仕事の手法も、日々、新しくなっているのでしょう。しかし、新しいものがすべてよいとはかぎりません。「あの人の手法は古いからなぁ」などと切り捨てるのではなく、その経験談に耳を傾けることも必要です。〝かつての手法〟に、思わぬヒントが隠れているものです。

温《おん》故《こ》知《ち》新《しん》

古きをたずねて習い、
そのうえで、
新しい道を築きあげていく。

目の前には、〝やるべき仕事〟だけがある

一日《いちにち》不作《なさざれば》 一日《いちにち》不食《くらわず》

その日、やるべきことをやらなければ、その日の食事はしない。

3月2日

仕事でも、やりたい仕事とそうでない仕事、楽しい仕事とつまらない仕事があるのだと思います。わたしたちはつい、やりたくないことやつまらないことは、先送りにしてしまいがち。しかし、仕事やものごとには「やりたい」「やりたくない」「楽しい」「つまらない」なんて区別はないのです。目の前にあるのは、いつだって、あなたが〝やるべきこと〟です。

一生懸命同士だから、調和が生まれる

3月3日

ふつう、仕事はチームでおこなわれます。チームにとっていちばん重要なのは調和、ハーモニーでしょう。メンバーがバラバラでは、いい仕事はできません。すぐれた調和の要は、一人ひとりが手抜きをせずに、できることを真剣に、また、確実にやっていくことです。真剣みを欠いた馴れ合いは、調和とは縁もゆかりもありません。

清風動脩竹《せいふうしゅうちくをうごかす》

さわやかな風が吹いて、
竹林がサラサラと涼しげな音を立てている。
ハーモニーのみごとさ。

旬の食材で春を味わう

桃花千歳春《とうかせんざいのはる》

春になると桃の花が咲く。
それは、千年前も、いま（今年）も、
千年後も変わらない。春到来を言祝ぐ禅語。

3月4日

季節を取り入れると、食事がいっそう味わい深いものになります。たとえば、春が旬のサワラを焼いて、炊いたフキやワラビの小鉢を添える。サワラをのせたお皿には桃の一枝をあしらう。そんな工夫を凝らすと、食卓はそのまま〝春景色〟になります。春の一夜、家族や恋人と心ゆくまで春の味覚を楽しんではいかがでしょう。

いまできることだけを見据えていけばいい

3月5日

何かに着手したら結果を見届けたいと思うのが、人の情というものかもしれません。しかし禅語は、そうできなくとも〝いま〟できることを精いっぱいやることが大切だ、といっています。たとえ、途中で離れることがわかっているプロジェクトでも、かかわっているいまは、最大限の努力を惜しまない。それが禅の生き方です。

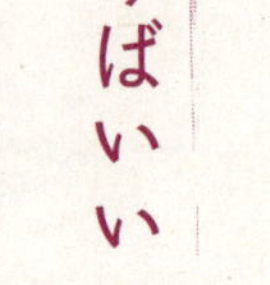

巌谷栽松《がんこくにまつをうえる》

険しい谷の岩肌に松を植える。
松の成長は見届けられなくとも、
いま植えることに意味がある。

真理はいつも〝当たり前〟のことのなかにある

冬鳥の雁が北に帰って行くのに合わせるように、燕がやってきて家の軒下で巣づくりを始めます。毎年、繰り返される当たり前の風物詩。どこにも作為のないその〝当たり前〟のことが、じつは真理そのものなのです。人はどれだけ当たり前のことを、当たり前にできているでしょうか。一度、考えてみるのもいいかもしれません。

雁去燕来《かりさりつばめきたる》

雁が去っていく時期になると、燕が飛来する。
自然の移り変わりには、はからいごとが何もない。

3月6日

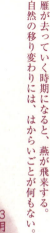

〃小さな命〃で春を知る

3月7日

一花開天下春《いっかひらいててんかはるなり》

開いた一輪の花に、
春のすべてがあらわれている。

ベランダや部屋で植物を育てていると、ある朝、目を覚まして、「あっ、花が咲いた！」ということになるものです。つづいてわき起こるのが、「ああ、春になったんだなぁ」という感慨。まさに、一輪の花が春の訪れを知らせてくれるのです。素敵な朝だと思いませんか？　身近に〃花のある暮らし〃を提案したいと思います。

一方に偏らない〝中道〟という生き方

艶やかさと穏やかさ。どこか反対の要素にも思えますが、それが溶け合って、すばらしい情景をなしている。禅（仏教）は中道、すなわち、どちらか一方に偏らない生き方を説いています。艶やかであって穏やか、穏やかであって艶やか……。そんな情景は、中道という禅の核心を示唆するものである、といういい方もできそうです。

桃花似錦柳如煙《とうかにしきのごとくやなぎはけむりのごとし》

桃の花は錦にも似て艶やかで、柳は煙のように穏やかである。悟りの妙景。

3月8日

3月9日

色眼鏡をはずすと、気づくことがある

人は先入観（色眼鏡）で人を見てしまいがちです。「がさつな人だな。どうも苦手だ」。しかし、色眼鏡をはずすと、気づきがあり、それまで見えなかったその人の新たな面が見えてきます。たとえば、がさつさのなかに、とびきりのやさしさが垣間見えたりするのです。苦手意識が払拭されて、いい関係が生まれそうですね。

江山春色新《こうざんしゅんしょくあらたなり》

（気づいてみれば）山河に春が訪れ、すべてが新たな彩りをなしている。気づきによって、新たな目が開かれる。

どんな境遇でも、その〝時〟をしっかり生きる

枯木開花天下春《こぼくはなをひらきててんかはるなり》

3月10日

葉を落とした木々が、春の訪れとともに、いっせいに花を開かせている。春には、すべてが新たに輝く。

「尾羽《おは》打ち枯らす」という言葉があります。人生にはみじめになったり、落ちぶれたりすることがあるかもしれません。しかし、枯れた木も、花をつけた木も、その木であることに変わりはないのです。枯れたときは、その姿でしっかりやっていれば、花をつける時がやってきます。みじめでも、落ちぶれても、ちゃんと生きる。大切なことです。

3月11日

お客様を〝おもてなしの心〟で迎える

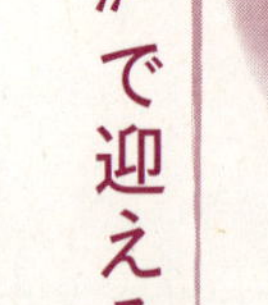

大切なお客様をお迎えするときの心配りはたくさんあります。玄関前の打ち水、季節の花のあしらい、お香やアロマによる香りの演出、そして、もちろん、心をこめた手料理……。お客様のことを思って、そのときできる精いっぱいのことをする。〝おもてなしの心〟を存分に発揮しましょう。

開径待佳賓《みちをひらきてかひんをまつ》

賓客を迎えるために、こまやかな心配りで準備をする。

どんな〝春〟にも準備がいる

春来草自生《はるきたればくさおのずからしょうず》

春がくると、
いつのまにか自然に草は生えてくる。
人にも開花する時が、必ず、くる。

3月12日

「いつまでたっても芽が出ないなぁ」。そんな嘆きが口をつくことはないでしょうか。いまは芽吹きの春を待つ時期なのです。輝くための準備期間といってもいいですね。しっかり準備していれば、日々、一生懸命やっていれば、春は間違いなくやってきます。もしかしたら、もう、その足音が聞こえているのではありませんか？

3月13日

全力の総和で一丸となる

全員一丸となる。誰もが知っている言葉でしょう。心を合わせてひとつのことに邁進していく。その土台となるのは、メンバーの一人ひとりが、自分のもてる力を余すところなく発揮することです。一人でも出し惜しみをする人がいたら、全体の和はくずれ、力を束ねることはできません。

花《はな》有《あり》月《つき》有《あり》 清香《せいこう》有《あり》風情《ふぜい》有《あり》

花があり、月が照らし、清らかな香りが漂い、風情がある春の夜。それぞれがあるべき姿をまっとうしている、絶対肯定の世界。

3月14日

有効利用も、悪用も、人しだい

牛飲水成乳《うしのむみずはちちとなり》
蛇飲水成毒《へびののむみずはどくとなる》

同じ水でも、牛が飲めば乳になり、(毒) 蛇が飲めば毒になる。同じものでも、使う人、使い方しだいで、有意義にも害毒にもなる。

ドローンを想像してみてください。無人で空中を自在に飛ぶドローンは、農薬を散布したり、人が行けないような場所を撮影するのには、きわめて便利なツールです。しかし、いっぽうでは爆弾を積んでどこにでも落とすことができます。これは一例ですが、たとえば、情報にしても、有効に使うことも、悪用することもできます。これは心しておきましょう。

3月15日

春をからだいっぱいに感じる

みずみずしい山の緑は新たな命の息吹を感じさせます。そのなかに身を置くのもよし、それを眺めているのも、また、よしです。からだ全体で思いきり春を感じて、命をリフレッシュさせましょう。そう、道端に咲く小さな一輪の花にだって、春がそのままあらわれています。足をとめて、そこにも春を感じてください。

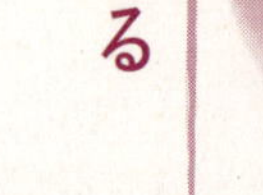

山色笑春風《さんしきしゅんぷうにえむ》

春風が吹いて、
山全体が新緑に染まっている。
春がそのままそこにある。

ものを求め始めたら、さわやかに生きられない

山僧活計茶三畝《さんそうがかっけいちゃさんぽ》
漁夫生涯竹一竿《ぎょふのしょうがいたけいっかん》

僧はお茶の畝三つ、漁師は竿一本で生涯を送れる。贅沢の戒め、清貧の生き方のすすめ。

3月16日

お金やものをたくさんもつことに執着していては、清々しい生き方はできません。ひとつもてば、すぐにも別のものを手に入れたくなる。いくらもっても満たされることがないからです。いまあるもので十分。それがさわやかに生きる最大のコツです。お手本は、清貧を求め、悠々たる清々しさで生き切った良寛さんです。

3月17日

どこでも、どんな仕事でも、能力を出しきる

真玉泥中異《しんぎょくでいちゅうにいなり》

本物の玉（宝石）は、
たとえ泥のなかにあっても、
輝きを放っている。

仕事の環境や内容はさまざまです。なかには、自分の意にそわない環境に置かれていたり、意欲がわかない仕事についていていたりする人がいるかもしれません。しかし、そこで、「思うような環境や仕事でなら、自分の能力を発揮できるのに……」と考えるのは間違いです。どんな環境や仕事でも、能力を出しきれる。それが本物です。

3月18日

出門天地春《もんをいずればてんちのはる》

屋内から一歩外に出ると、
一面に春の世界が広がっている。

一度きりのそれぞれの春を満喫する

よく晴れた休日は絶好の散策日和。自然が豊かな場所をのんびり歩いてみてはいかがでしょうか。風が少し肌寒く感じられたって、いいではありませんか。それも、生涯一度きりしか出合えない、その瞬間にしかない〝春〟です。さあ、みなさんは、どんな春にいだかれるのでしょう。

3月19日

どんな花も〝裏方〟なしには咲かない

人が愛《め》でるのは色とりどりの花々でしょう。しかし、どんな花も、土と水、光、という支えがあって咲いています。仕事も表舞台に立っている人に注目が集まるかもしれません。しかし、それを支えている裏方が、必ず、いますし、裏方の力いかんで、舞台でのできばえが決まるのです。水（土、光、裏方）としてのやりがい、ありますね。

春水満四沢《しゅんすいしたくにみつ》

春の雪解け水は、四方の沢に満ちて、春の草木が芽吹く源となる。

力を注げるのは「いま」しかない

全力投球

こんな言葉があります。「人は昨日にこだわり、明日を夢みて、今日を忘れる」。すでに終えた仕事のことを思い返したり、次にやる仕事のことを考えたりしていたのでは、いまやらなければいけない仕事に集中できません。過去は戻ってきませんし、未来はまだやってきていません。やれることは「いま」しかない。だったら、それに全力投球です。

深知今日事《ふかくこんにちのことをしる》

目の前のことにじっと目を向け、全力を注いでいくことが大切である。

3月20日

3月21日

気づいて、感動する。それが〝開眼《かいげん》〟への道

悟りの境地を見るのは心の眼かもしれません。心眼を開くには、少しでもたくさん真理に気づき、その感動を積み重ねていくことではないでしょうか。季節の移ろいを体感する感動、人の役に立つことができる感動、風のそよぎや川のせせらぎに癒やされることの感動……。それらの蓄積が、いつか、〝開眼〟につながるという気がします。

洞中春色人難見《とうちゅうのしゅんしょくひとみがたし》

洞穴の向こうに広がっている桃源郷（悟りの境地）は、そう簡単に見えるものではない。

自己実現の場所は、探しても見つからない

人間到処有青山《じんかんいたるところせいざんあり》

青山は墓地の意。
自分が骨を埋めるべき場所は、
故郷にかぎらず、どこにでもある。

骨を埋めるべき場所とは、自己実現をして生きる場面、状況と解釈すればいいでしょう。どこかにそんな場面や状況があるわけではないのです。たとえば、つまらないと思う仕事でも、とにかく、一生懸命取り組んでみる。すると、その仕事がおもしろくなりますし、自分を実現していく場ともなるのです。そうするか、しないかは、自分自身にかかっています。

3月23日

自然な自分で人間関係を結ぶ

人間関係のなかでストレスを感じたり、窮屈な思いをしていることはありませんか？　その原因のひとつは、相手に合わせようとして、自分を抑えたり、殺したりしていることではないでしょうか。いつも、自然体の自分でいることです。そのうえで築かれる人間関係でなければ、人と触れ合うことがもたらす喜びは得られません。

行雲流水《こううんりゅうすい》

空を行く雲、山間を流れる水のように、こだわりのない、自然で自由な姿。

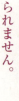

自分を探しても見つからない。そこにいるのが自分

「自分探し」という言葉があります。いまの自分は〝ほんとうの自分〟ではない、ほんとうの自分はどこにいるのだろう、と探し求めることですが、どこかにそれを求めても、見つかりっこないのです。どんな状況にある自分でも、何をしている自分でも、「そこ」にいる自分以外に自分などないからです。その自分をきちんとやるしかありません。

春在枝頭已十分《はるはしとうにあってすでにじゅうぶん》

一日中、野山を歩いて探しても見つからなかった春が、疲れて家に戻ってみると、知らぬ間に開いていた梅花にはっきりとあらわれていた。真理はいつも身近にある。

3月24日

独り、静かな時をすごす

独《どく》坐《ざ》大《だい》雄《ゆう》峰《ほう》

大自然のなかで、いま、独り、生きて、座っていることが、いちばん尊く、ありがたい。

3月25日

この時代を生きているみなさんは、独り、静かに、時間をすごすことがほとんどないのではないでしょうか。時には庭先でも、ベランダでもよいですから、外気のなかで椅子にでも座って、しばしの時間をすごしたらいかがでしょうか。自分と向き合えるのも、生きていることを実感するのも、きっと、そんな静かな独りの時間です。

春風の〝心〟で人を育てる

3月26日

春風咲万花《しゅんぷうばんかさく》

春の風は、あらゆる草木の花を咲かせる。
よき師（春風）のもとからは、
傑出した人材（花）が巣立つ。

会社でもそれなりのポジションになると、部下や後輩を育てることが求められます。育成でもっとも大事なことは、自分の能力や知識、経験をひけらかすことではなく、春風のような穏やかで、あたたかい視線をもって、見守ることではないでしょうか。おおらかさのなかで、人はのびのびと育っていきます。

褒め言葉も、評価もいらない。一生懸命やるだけ

百花《ひゃっか》春《はる》至《いたって》為誰《たがためにか》開《ひらく》

春がきて咲く無数の花々は、誰のために咲いているのだろう。誰のためでもない。(咲くという)自分の本分をまっとうしているだけである。

3月27日

褒められたい、いい評価をもらいたい、という思いで行動することはないでしょうか。春に開く花々は、見る人から「おぉ、なんと美しい」と称賛されたくて咲いているのではありません。ただ、やるべきことをやっているだけ。花に学びましょう。周囲の目なんか意識しないで、一生懸命やることにつとめればいい。その姿が美しいのです。

友人選びは〝憧れ〟〝尊敬〟がキーワード

求朋須勝己《ともをもとむればすべからくおのれにまさるべし》

友を求めるのであれば、
自分よりすぐれたところがある相手を選ぶ。

3月28日

友人との交流は、自分を成長させてくれたり、向上させてくれたりします。しかし、それも相手しだい。その生き方や人間性、仕事の能力や心配り……など、どんなところでもよいですから、自分が憧れるレベル、尊敬できるレベルにある人を選びましょう。一生のうちにおつき合いができる人の数はかぎられています。選択眼が大事です。

チャンスを活かすも、逃すも、準備しだい

3月29日

チャンスは吹き抜ける春風のように、誰にでも平等に訪れます。しかし、それをつかんで活かせる人と、見過ごしてしまう人がいる。違いはどこにあるのでしょう。わたしは「準備」の差だと考えています。ふだんからやるべきことをしっかりやっている。それが用意周到ということ。チャランポランでは、チャンスをつかみ損ねます。

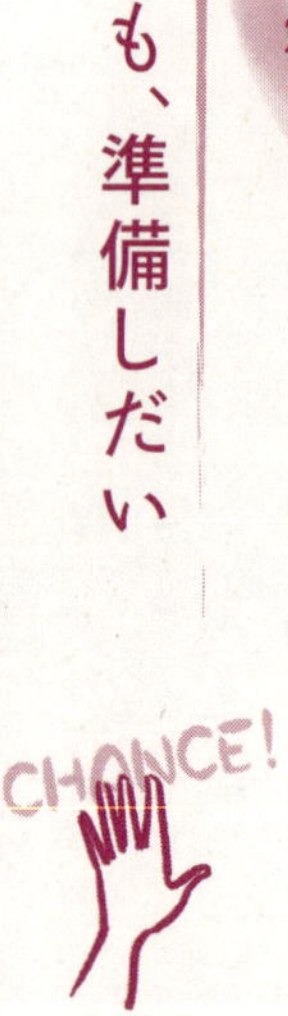

春入千林処々花《はるはせんりんにいるしょしょのはな》

春風が林のいたるところを吹き抜け、木々は芽吹いて花を咲かせている。真理が満ち満ちている様子。

3月30日

山花開似錦《さんかひらいてにしきににたり》 澗水湛如藍《かんすいたたえてあいのごとし》

一面に花が開いた山はまるで錦の様相、
谷川の水は藍のような深い色合いを湛えている。
どちらも永遠の美しさに見えるが、
花は散り、水は流れ去り、とどまることはない。

無常の時のなかで美しく生きる

満開に咲き誇る桜の美しさは格別です。しかし、「三日見ぬ間の桜かな」という諺もあるように、あっという間に散ってしまいます。その散り際のみごとさも、やはり、桜の美しさでしょう。人生には得意満面になるときも、失意落胆に沈むときもあります。どちらにあっても一生懸命にやる。それが、美しく生きることだ、と思っています。

3月31日

本物を見きわめるものさしは、真理、道理にある

古新

　古くから受け継がれてきたことのなかにも、さらに守っていくべきものと変えるべきものがあります。新しい世の中の流れやしくみにも、正しいもの、間違っているものがあるでしょう。古い、新しい、ということから離れた、透徹した視点が必要です。真理に叶ったこと、道理に沿ったものがいつも本物なのです。

裂古破今《いにしえをさいていまをやぶる》

古い伝統にいたずらにとらわれることもなく、新しい風潮を盲目的に受け容れるでもない、本物を見きわめる目をもつ。

誰かのために何かができる。それで十分

よいおこないをしたとき、誰かのために何かをしたとき、人は見返りを求めがちです。たとえば、恋人のために素敵なバースデーデートを企画したら、自分の誕生日にはお返しをしてくれるのが当然だ、と考えたりする。しかし、そうではないのです。自分が企画したデートを相手が喜んでくれた。それで十分、それにまさる〝功徳〟はありません。

無《む》功《く》徳《どく》

どんなおこないにも功徳はない。
自分がしたことに見返り（果報）を求めない。

4月1日

4月2日

自分の得意を磨いていく

柳緑花紅《やなぎはみどりはなはくれない》

柳は緑の枝を垂れ、花は紅に咲いている。
どちらもあるがままの姿であり、
そこに真理があらわれている。

誰にでも長所があり、また、短所があります。仕事でいえば、コツコツこなすデスクワークは得意でも、人との折衝事は苦手といったケース。その苦手分野を克服するのは大変です。だったら、得意分野をのばせばいいではないですか。折衝上手になろうとするのは、柳が紅に染まろうとするようなもの。得意（緑）に磨きをかけましょう。

ただ、ボーッと、自然を見る

悠然見南山《ゆうぜんとしてなんざんをみる》

ゆったりとした気分で南山を見上げる。
煩悩から離れた悠々自適な様子。

4月3日

考えが行きづまったり、気持ちがカサカサしているときは、自然をボーッと眺めてみましょう。雄大な山並みでもいいですし、波が寄せては返す海でも、川の流れでもいいですね。ポイントは〝ボーッと〟です。余計なことを考えず、無心でいると、その一瞬の自然と一体になれて、心地よい癒やしが感じられます。

4月4日

「修行になる」のではなく、自分が「修行にする」

歩《ほ》々《ほ》是《これ》道《どう》場《じょう》

どこにいても、そこが自分の道場であり、
何をしていても、
それが自分を高める修行である。

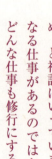

仕事に対して、「これは力をつけるのにもってこい。全力を尽くそう」と考えることがあるでしょう。その仕事が自分の力量を高める〝修行〟と見ているわけです。しかし、「ちぇっ、こんなの新人の仕事じゃないか」ということもある。それではだめ、と禅語はいっています。修行になる仕事があるのではないのです。どんな仕事も修行にするのです。

〝潮時〟を見る目を養う

見機而作《きをみてなす》

ものごとをなし遂げるには、
タイミングを見定めることが大事。

4月5日

いつ行動するかによって、成否が決まることがよくあります。ここしかない、というタイミング。いわゆる〝潮時〟を見定める目が必要です。その目を養うためには、過去の成功、失敗の体験を記憶（あるいは記録）しておくことです。過去のデータを蓄積しておけばおくほど、目は鍛えられて、たしかなものになっていきます。

早起きの習慣をつける

4月6日

春眠不覚暁《しゅんみんあかつきをおぼえず》

春の夜は心地よく、
朝になったことにも気づかず、
つい寝過ごしてしまいがちである。

老境に入って閑居《かんきょ》を満喫している世代なら、寝過ごしも自然な暮らし方といえるかもしれませんが、現役時代は、やはり、朝は一定の時間に起きるべきでしょう。朝をどうすごすかで、その一日が決まる。これがわたしの持論です。朝の時間を有意義にすごすためにも、〝一定の時間に早起きする〟習慣をつけてください。

自己実現への道は、いまの自分の足元にある

花何処求行《はないずれのところにかもとめゆかん》

真理は遠くにあるのではなく、
じつは自分の足元にある。
そのことに気づくことが大事。

4月7日

自己実現を考えるとき、どんな仕事なら自己実現ができるか、どのような環境であったら、それが可能か、といった思いがよぎるかもしれません。しかし、いま自分がついている仕事、身を置いている環境でしか、自己実現はできないのです。そこで精いっぱいの自分を尽くす。それ以外に自己実現への道筋はありません。

坐禅のすすめ

閑坐聴松風《かんざしてしょうふうをきく》

静かに坐禅をしていると、
ふだんは気づかない、
風が松葉を揺らす音が聴こえてくる。

禅はなんであれ〝一体〟になることの大切さを説いています。坐禅をしていると、時間の経過も、座っていること自体も忘れ、心地よさだけに包まれる感覚になってきます。松風と一体になっているのがそんなとき。身心ともに解き放たれた状態です。最初は禅僧による手ほどきが必要ですが、ぜひ、坐禅に挑戦してください。

自信は秘してこそ価値がある

活《かつ》卓《たく》々《たく》孤《こ》迴《けい》々《けい》

いきいきとして、
他を圧して抜きん出ている。
厳しい修行の末に到達した境地。

4月9日

仕事の経験を重ね、研鑽を積んで、「この分野なら誰にも負けない」と自信をもつのはいいことです。自信はより高みをめざすモチベーションになります。しかし、自信満々な様子が周囲からミエミエなのは、いかがなものでしょうか。自分のなかに秘していながら、周囲はたしかに感じている。そんな自信でありたいものです。

4月10日

はからいがいっさいない関係は美しい

花無心招蝶《はなはむしんにしてちょうをまねき》
蝶無心尋花《ちょうはむしんにしてはなをたずぬ》

花は無心に咲いて蝶を招き、
蝶は無心に飛んで花の蜜を吸っている。
おたがいに、はからいのない結びつきがそこにある。

その人の一生懸命さに自分が励まされる、という相手はいませんか？　励まされた自分も一生懸命にやる。翻《ひるがえ》って、それが相手を励ますことにもなる。一生懸命同士が、自然にすばらしい影響を与え合っているのです。人間関係には、ともすると、損得勘定がはたらきます。それがいっさいない。純粋で、美しい結びつきです。

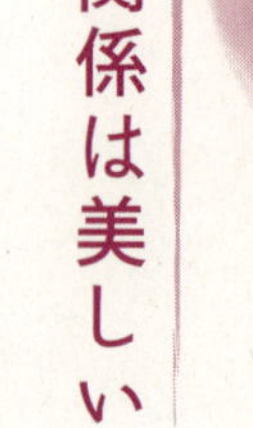

逆境だからできることがある

人生に順風が吹く時期などそうそうあるものではありません。逆風が吹くとき、すなわち逆境にあるときは、そのマイナスをプラスに転じなさい、とするのが禅です。耐える力を鍛える、基本に立ち返る、地力を蓄える……。逆境でも、いや逆境だからこそ、できることがあります。それを精いっぱい、確実にやっていきましょう。

逆風張帆《ぎゃくふうにほをはる》

逆風でも帆の張り方しだいで
前に進むことができる。
逆境に活路を開く。

4月11日

気持ちを込めなくていいことも、込めなくていい時間もない

4月12日

手慣れた仕事は、少々、気持ちがのらなくても、気持ちを込めたときと遜色ないできばえに仕上がるかもしれません。しかし、両者の差は歴然です。気もそぞろで取り組んだ時間と、入魂で取り組んだ時間では、その密度が格段に違うのではありませんか？　貴重な時間をスカスカにすごすのは、人生の大いなる損失です。

勤精進《つとめてしょうじんす》

どんなことにも励み、力を尽くしていく。

相手を認めるからライバルになれる

知花鳥待花《はなをしるとりはなをまつ》

おたがいにわかり合い、
引き立て合い、
おたがいを成り立たせる関係。

4月13日

自分のライバルと見ている相手がいるという人は少なくないはずです。その相手に対しては、どこか〝敵視〟していませんか？　しかし、本来のライバルとは、この禅語のように、おたがいに実力を認め合い、相手の存在によって、ともに自分が成長していける間柄でしょう。ひそかに敵失を望むなんていうのは、エセ・ライバルです。

楽しいことをやるのではなく、
やることを楽しむ

4月14日

遊戯三昧《ゆげざんまい》

一心に遊びに没頭する。
どんなことも
〝する〟ことを〝楽しむ（遊ぶ）〟。

子どもの頃は、時間の経つのも忘れて、遊びに熱中したことがあるはずです。それが遊戯三昧の姿です。禅語は遊びだけではなく、すべて自分がやることは、それを楽しみなさい、という意味を含んでいます。楽しいことだから、楽しんでやるのではないのです。つらいこと、苦しいことであっても、やることを楽しむ。それが禅の境地です。

あるがまま受けとめる。それだけでいい

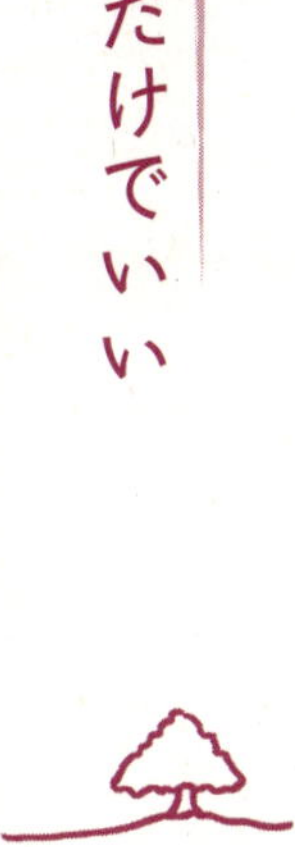

柏樹を見て、「柏樹だな」と受けとめたらいいのですが、人は「誰が植えたのだろう？」「樹齢は？」……などと考えてしまいます。それが真理を見る目をくもらせます。人でも、ものごとでも、「あるがまま」に受けとめる。〝いい人〟〝悪い人〟〝いいこと〟〝悪いこと〟といった判断をするから、ややこしいことになるのです。

庭前柏樹子《ていぜんのはくじゅし》

禅寺の庭に植わっている柏樹（イブキ）が真理をあらわしている。
同様に、見えるもの、聞こえるもの、あるもの、すべて真理のあらわれである。

4月15日

4月16日

周囲の声に一喜一憂しない

人というのは、悪くいわれたり、けなされたりすれば、腹を立てたり、落ち込んだりするいっぽうで、褒められたり、讃えられたりすれば、うれしくなったり、舞い上がったりするものです。そんな周囲の声（風）に惑わされないで、泰然として、それらを受け流す（できれば楽しむ）。どんな風も、吹いてはやみ、やんでは吹くのです。

八風吹不動《はっぷうふけどもどうぜず》

人生にはよい風も吹けば、悪い風も吹く。
どんな風が吹いても、心を揺り動かされることなく、
楽しんでしまうのがいい。

坐禅は、現在の自分と本来の自己との対話

樹下石上《じゅげせきじょう》

木の下の石の上で坐禅をする。
自然のなかで座るのが、
坐禅の原点。

4月17日

ここで坐禅の説明をしましょう。「坐」という字は、土の上に人が二人乗っています。一人は現在の自分、もう一人は「本来の自己」、仏性があからさまになった自分です。「いまの生き方でいいか?」「今日のおこないは間違っていなかったか?」……。現在の自分のあり方について、「本来の自己」に問いかける。それが、まさに坐禅です。

4月18日

本来の自分を覆っているものを剝がしていく

本来面目《ほんらいのめんもく》

一点のくもりもなく、清らかで、尊い、本来の自分の姿。

本来の自分を見失わせるのが煩悩です。利害、損得の分別（判断）、お金や物、地位や肩書きを求める欲、人や物に対する執着……といったものがそれ。それらが本来の姿を覆ってしまい、見えなくしてしまうのです。煩悩を完全になくすことはできません。しかし、剝ぎ取って、薄くしていくことはできる。利害、損得に走らない、ということもその一歩です。

4月19日

柔軟心《にゅうなんしん》

自我、執着、偏見……などから離れた自由な心。

硬くなった心を解きほぐす

自我や執着、偏見にとらわれた心は、硬直しています。そのため、自分を主張するばかりで他人を受け容れられなかったり、ものごとを一面的にしか見られなかったりするのです。そこから離れると、心はやわらかく、しなやかで、自由になります。人間関係も円滑に運べるようになりますし、視野もグッと広がります。

〝流される〟のではなく、〝流れていく〟

4月20日

落花有意随流水《らっかいあってりゅうすいにしたがい》
流水無情送落花《りゅうすいじょうなくしてらっかをおくる》

水に落ちた花は意志があるかのように流れていく。流水は無意識のうちに花を送っている。流水にまかせている花も、花を受け容れている流水も、本来の自分を失っていない。

世の中の流れに沿って生きる。どこか、安易な生き方ともとれますが、そうではありません。大切なのは、流れに沿っていながら、自分を失わない、ということでしょう。自分を失ったら、ただ、流されることになってしまいます。確たる自分をもって〝流れていく〟ことと、自分を忘れて〝流される〟こととは、決定的に違います。

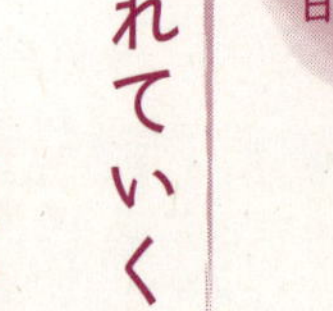

食事とも、お茶とも、「ひとつになる」

喫茶喫飯《きっさきっぱん》

お茶を飲むときは、ただ飲むことに、
食事をいただくときは、
いただくことだけに集中する。

4月21日

食事のときテレビをつけている人は多いでしょう。しかし、それではテレビに気をとられ、食事も、お茶も、しっかり味わうことができません。テレビを消して、食べること、飲むことに集中しましょう。すると、「ああ、おいしいなぁ」という思いだけが心いっぱいに広がります。それが、禅でいう「ひとつになる」ということです。

4月22日

いつでも、ありのままの自分で生きる

病気になってはじめて、健康のありがたさがわかる、といわれます。そして、健康であった過去の自分を思い、病気である現在の自分を嘆くのでしょう。いま、病気であれば、ありのままのその自分を受け容れる。生きていくのはその自分しかいないのですから、そうしたらいいのです。人生をちゃんと紡ぐとは、そういうことです。

眼横鼻直《がんのうびちょく》

眼は横に並び、鼻は縦に真っ直ぐについている。
ありのままのことを、ありのままに見て、
ありのままに受けとる。

ひとつ気づくと、世界はガラリと変わる

花開香世界《はなひらきてせかいにかんばし》

自分の心の目（花）が開くと、
周囲にはすばらしい世界が
広がっていることに気づく。

ふだんからどこかギクシャクしていた友人に対して、ふとこう思う。「そうか、彼（彼女）がおとなしいのをいいことに、自分の我ばかり通していたな」。それからは相手の思いを察するようになるでしょう。目が開かれたのです。関係は好転していきます。彼（彼女）とのあいだに結ばれたすばらしい友情に気づくのに、そう時間はかかりません。

おおらかな気分で一日を始める

4月24日

新緑が鮮やかなこの季節には、朝、起きたら、真っ先に窓を開け放って、外の空気を部屋に取り込みましょう。この時期の風のにおいは格別。大きく吸い込むと、心を弾ませてくれるのではないでしょうか。「気持ちがいい朝だなぁ」。自然にそんな言葉が出ます。おおらかになったその気分で、さあ、一日をスタートさせてください。

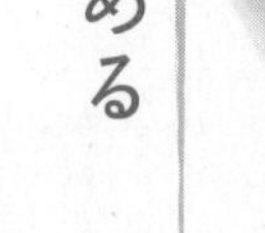

開簾翠嵐香《れんをひらけばすいらんかんばし》

すだれを上げてみると、
風が新緑の芳香を運んでくる。
胸襟を開くと、人の心を感じることができる。

考えなければ、心配事の大半はなくなる

非思量《ひしりょう》

考えるから心配、悩みが生まれる。考えてもどうしようもないことは考えないのがいい。

4月25日

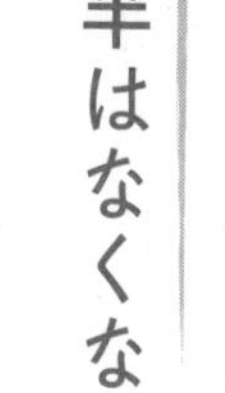

リストラが企業戦略になっている昨今、自分がその対象になりはしないか、と心配している人がいるかもしれません。しかし、いくら心配しても、悩んでも、それは上層部が決めることですから、自分ではどうすることもできないのです。ここは考えないにかぎる。考える必要があるのは、実際にリストラになった、そのときです。

4月26日

〝清らかさ〟をテーマに掲げる

魅力的な人の条件はいくつもあると思いますが、清らかさ、清潔感は、その上位にランクされるのではないでしょうか。いつもこざっぱりした服装を心がけるばかりでなく、キビキビした〝キレ〟のある所作、ふるまいをする、といったことが、清潔感につながりそうです。日々の実践テーマのひとつに、ぜひ、これを加えましょう。

翠樹含風葉《すいじゅふうようをふくむ》

新緑の木々の木陰を吹き抜ける風が、葉を揺らしている。さわやかで、清らかな情景。

〃まね〃は〃本物〃への一歩

花弄香満衣《はなをろうすればかおりころもにみつ》

花を摘んでいれば、
いつのまにかその香りが衣に移る。
よい師についていれば、知らぬうちに、
その立ち居ふるまいが自分の身につく。

4月27日

所作が素敵、言葉づかいがきれい……。みなさんのまわりに、そう感じられる人はいませんか？　いたら、まねをしましょう。「人のまねなんかするのは、抵抗がある」なんていわないでください。素敵なこと、きれいなものは、まねしたらいいのです。ずっと、まねをつづけていたら、それが本物になります。自分のものになるのです。

4月28日

〝打てば〟〝響く〟、理想の関係

南山打鼓《なんざんにつづみをうてば》北山舞《ほくざんにまう》

深い縁を築いた師弟のあいだでは、心が通じ合い、師のふるまいに、弟子は即座に応じることができる。

長く連れ添った夫婦間では、夫の顔色を見ただけで、妻はその望むところがわかって、「はい、お茶どうぞ」というふうに、的確な対応ができるようになるものです。阿吽《あうん》の呼吸ですね。夫婦にかぎらず、恋人同士でも、友人間でも、そんな関係が理想でしょう。あせらず、じっくり、めざしましょう。

絶景に会う旅に出かける

瑞雲繞寿山《ずいうんじゅざんをめぐる》

めでたい雲が、（長寿の象徴である）寿山を取り巻いている。これ以上ないほどのめでたい光景。

4月29日

「めでたい」は、「愛でる」と「甚《いた》し」が結びついた「めでいたし」が変化したもので、この上なくすばらしいというのがもともとの意味です。四月は〝めでたい〟光景がいたるところで見られる時期。禅語のような山と雲のコラボレーションはもちろん、桜をはじめとする花々も競って咲き乱れます。絶景探しの旅、おすすめです。

4月30日

大成のカギはペースの堅持にある

仕事の実績や昇進で、同期や後輩に先を越されることもあるでしょう。しかし、そこであせったり、腐ったり、滅入ったりすると、自分のペースをくずすことになります。ペースを保ちながら、努力をつづけることが大事なのです。いわゆる〝大器晩成〟タイプに共通しているのが、そのこと。自分のペースで力を蓄えていきましょう。

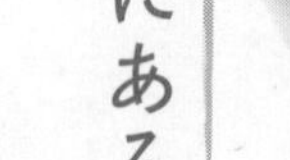

山深雪未消《やまふこうしてゆきいまだきえず》

山深い場所は、春の訪れも遅く、雪もなかなか消えない。大人物は世に出るのに時間がかかる。

皐月

5月1日

呼吸でいつでも静かな心に戻る

心が騒いだとき、静かな環境に身を置いて、平静を取り戻そうと考えるのがふつうです。しかし、禅は日常生活のどんな場面ででも、平静を保てることの大切さを説きます。基本は呼吸。丹田《たんでん》（おへその下約七・五センチ）から息を吐き切り、吸った息を丹田にまで落とす「丹田呼吸」をすると、静かな心に戻ります。

動中静《どうちゅうのじょう》

静寂のなかで心を静めるより、
日常の喧噪のなかにあって、
静かな心になれることのほうが境地は高い。

5月2日

ランチをリフレッシュ・タイムにする

五月《さつき》晴《ば》れの日には、お弁当と飲みものを買って、近くの公園など緑のある場所で、野外ランチはいかがでしょう。薫風が揺らす木々の緑の下でのランチは、午前中の仕事で疲れた頭とからだをリフレッシュさせるのに、まさにうってつけです。モヤモヤやイライラを感じることがあったとしても、風がそれを吹き飛ばしてくれます。

薫風自南来《くんぷうじなんらい》

新緑の香を孕んだ初夏のさわやかな風が南から吹いてくる。その涼味が煩悩を吹き払ってくれる。

たしかな〝後継者〟は一人いればいい

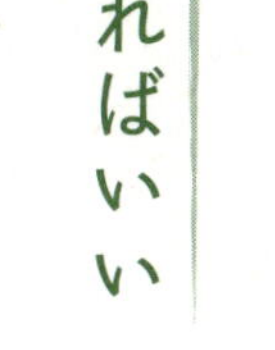

自分が培ってきた仕事の技術や知識、経験を、後輩たちに伝える。大切なことです。しかし、〝欲張らない〟でください。たった一人でもいい、ほんとうに見込んだ人間に伝えることができたら、それで十分だと考えましょう。一人に正しく、たしかに伝わったら、それはその人間から、しっかりと次の世代に受け渡されます。

一箇半箇《いっこはんこ》

ほんとうに法のすべてを伝える人間は数少なくていい。
一箇半箇は、一人、半人の意。

〝そういう人〟だと受けとめる

5月4日

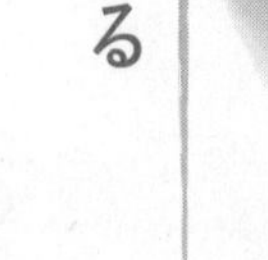

腹の立つ上司がいる人は少なくないでしょう。傲岸不遜なタイプが典型。その発言やふるまいをまともに受けとめていたら、腹立ちは消えません。しかし、〝そういう人〟だと受けとめたらどうでしょう？　横柄なものいいや態度でしか、自分の存在を示せない〝そういう人〟。憐れみを誘いませんか？　腹を立てるまでもない人になりますね。

悟無好悪《さとればこうおなし》

人でも物でも、先入観をもたずに、あるがままを認めたら、好きも、嫌いも、なくなる。

努力して時機を確実につかむ

花落花開自有時《はなおちはなひらくおのずからときあり》

花は落ちるときも、開くときも、
移ろいにまかせきって、
確実に〝その時〟をつかんでいる。

5月5日

努力をすることは大切ですが、努力が結実するには、時機を待つことが必要です。時機がやってきて、縁が結ばれ、結果となってあらわれる、ものごとが成就するのです。その時機がいつくるかはわかりませんから、そこはおまかせしておけばいいのです。不断の努力を重ねていれば、時機をつかみそこねることはありません。

5月6日

等しく仏性を備えている
それが人の正味の姿

悉有仏性《しつうぶっしょう》

この世のあらゆるものには、
みな仏性が備わっている。

地位や肩書きで人を判断することはありませんか？　高い地位についているから、肩書きが重々しいから、対応を丁重にする。そのいっぽうで、地位も肩書きもない人は軽んじる。しかし、地位や肩書きなど、そのときたまたまとっている〝お飾り〟にすぎないのです。誰もが等しく備えている仏性に、優劣も、高下も、ありません。

5月7日

子育ての〝極意〟は、親の姿にある

薫習《くんじゅう》

手本となる人に長年ついていると、知らぬ間に、そのふるまい、ものの見方、考え方が身につく。

この禅語を親子関係に引き寄せて考えてみましょう。子どもの手本となるのは、やはり、いちばん身近にいる親です。ですから、まず、親が自分の発言、立ち居ふるまいを律することが必要でしょう。ことこまかに手出し、口出しをしなくても、きちんと日々を生きている姿を見せていたら、子どもにはそれが伝わっていきます。

5月8日

時の移ろいで気分転換をはかる

閑坐看山河《かんざしてさんがをみる》

心静かに座って、
悠然と景色を眺める。
自分と自然が一体になった境地。

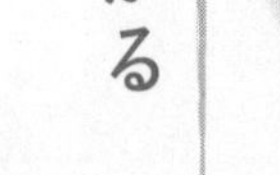

夕方近くになると、疲労もたまって、集中力も、思考力も、低下してきます。ここは気分転換が必要です。おすすめしたいのが、屋上に上がって沈みゆく夕日を、ただ、眺めること。空の色が刻々と変わっていく様子は、人知のおよばない大きな力の存在を感じさせてくれます。その感動が気分を新たなものにしてくれるのです。

「良心」への問いかけを忘れない

把手共行《はしゅきょうこう》

手を取り合ってともに行く。
手を取り合う相手は、
心の奥底にある一点の曇りもない、
清らかな「本来の自己」である。

5月9日

「本来の自己」とは、「良心」というものに近いかもしれません。自分が発言したことや行動したことを、時に立ち止まって、「あの発言をしてよかったのか？　誰かを傷つけやしなかったか？」「あんなふうに行動したのは、ほんとうに正しかったか？」……と良心に問いかけてみる。それがこの禅語の実践です。

5月10日

たった一人の親友が、人生に味わいをもたらす

感応道交《かんのうどうこう》

おたがいに信頼し合い、心と心が通じ合っている、すばらしい人間関係。

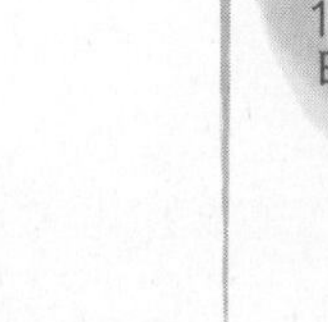

SNSでつながっている〝友人〟の数を誇る人がいます。しかし、その関係は希薄。悩みや喜びを分かち合える仲とはいえないでしょう。束になっても、たった一人の親友にはかないません。じっくり時間をかけて、さまざまな話をしながら醸成していく。人生にはそんな人間関係が大切であることを教える禅語です。

開き直って〝時の風〟を待つ

坐石待薫風《いしにざしてくんぷうをまつ》

思いどおりの風が吹かないときは、じっと静かに待っていればいい。

何をやってもうまくいかない。そんなときがあるものです。そこで闇雲に動いたり、無理やり方策を講じようとすると、事態はますます悪い方向に向かいます。どっしりかまえて、周囲の状況が好転するまで、待っていればいいのです。そう、「いまは充電の時期。それだけをやろう」というくらいの開き直りがいい塩梅《あんばい》です。

いつも、「お先にどうぞ」の心でいる

現代は「自分が、自分が」「われ先に」という傾向が強いように思います。駅の改札でも、エレベーターの前でも、人と鉢合わせしたら、自分が先に行こうとする。そうではなくて、譲りませんか？　とても素敵な言葉があります。「お先にどうぞ」。自分も気持ちがよいし、相手からは感謝をもらえる。この言葉、〝常用句〟に、どうぞ！

自《じ》未《み》得《とく》度《ど》先《せん》度《ど》他《た》

自分が悟りを開く前に、
人びとを悟り（彼岸）に渡す（導く）。
菩薩のおこない。

小さな〝ひとつ〟を倦《う》まず弛《たゆ》まずやっていく

品性、品格は、立ち居ふるまいにあらわれます。美しい作法で食事をする。品格を感じさせて魅力的です。そんな人をめざすなら、作法本を暗記するほど読んでもだめです。食事の前に手を合わせて、「いただきます」。それを確実に励行していく。その〝一滴水〟が、必ず、食事作法が美しい、魅力的な人につながるのです。

曹源一滴水《そうげんのいってきすい》

大河も一滴の水から始まる。
何ごとも小さいことの積み重ねから始まっていく。

5月13日

5月14日

苦境、難局こそ前向きに受けとめる

三級浪高魚化龍《さんきゅうなみたかくしてうおりゅうとけす》

ひとつの関門を突破すれば、
新たな境地にいたることができる。

人生には苦境や難局に立たされることが何度となくあります。そこで立ち竦んだり、蹲《うずくま》ったりしてはいけません。勇気を振り絞って、なんとしても乗り越える。その先に待っているのは〝ひと皮剝けた自分〟です。人には乗り越えられない試練は与えられません。そのことを肝に銘じておくと、前向きに受けとめられますね。

挨拶が心の垣根をとり払う

和顔愛語《わげんあいご》

和やかな表情で、
相手を思ってやさしい言葉をかける。

5月15日

いい人間関係をつくるうえでの基本がこれです。気むずかしい人も、他人に対して〝拒絶オーラ〟を放っている人も、顔を合わせたとき、いつも笑顔で「おはようございます!」と明るく挨拶の言葉をかけつづけていたら、必ず、心を開くことになります。挨拶の言葉は、もっともシンプルで、とても力強い愛語なのです。

5月16日

常にいまやることに全力投入する

仕事を始めようとしたら、デスクの上が散らかっている。「あ～あ、まず、片づけなきゃ」。よくあることのように思うかもしれませんが、じつはこれが違うのです。そのときの「いま（やること）」は片づけです。禅語は、ならば、片づけに徹しなさい、といっています。仕事をするための片づけではなく、片づけに全力投入です。

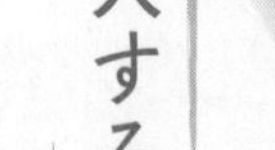

而今《にこん》

絶対の命の真実は「いま」にしかない。
「いま」を大事に生きることに徹する。

〝呼応〟が素敵な関係をつくる

山青花欲然《やまあおくしてはなもえんとほっす》

青々と色づいた山に誘われるかのように、
花々は鮮やかな色に咲こうとしている。
春爛漫の美しい風景にも、
また、真理があらわれている。

5月17日

春真っ盛りの景観は、深みを増す山の色と、色とりどりに咲く花々が、おたがいに呼応し合っているかのような印象です。人とのつながりも、そんなものでありたいと思いませんか？　仕事の関係者でも、家族でも、恋人でも、友人でも……。おたがいが相手と呼応し、鼓舞し合うような関係。どちらも素敵な二人です。

5月18日

“結果ありき”で忘れがちな ほんとうに大事なこと

何かに取り組んだら、いい結果を望むのは当然です。しかし、結果ばかりが頭にあると、何がなんでも、どんな手段を使ってでも、想定した結果を得ようとすることになりがち。そこに、真摯さや誠実さを忘れるという落とし穴があります。結果は脇に置いて、とにかく真摯に、誠実に、取り組む。大丈夫、結果はついてきます。

結《けっ》果《か》自《じ》然《ねん》成《になる》

何ごともやるだけのことを精いっぱいやったら、
待っていればいい。
結果はあとから自然についてくる。

一人でくつろぐ時間をもつ

自宅のどこでもいい、心やすまる場所を見つけましょう。仏壇があれば、その前、遠くに山並みがのぞめるベランダのチェア、ペットの猫のまどろむ姿が見えるソファ……。そんな場所が候補でしょうか。そこで三十分、いや、二十分でも、十分でも、何もせずにいるのです。心も、からだも、くつろいでいる時間がそこにあります。

帰《き》家《け》穏《おん》坐《ざ》

わが家に帰り、穏やかな気持ちで座る。
心やすまる場所で、くつろぎの時をすごす。

5月19日

5月20日

自分を成り立たせてくれている人たちに感謝する

わたしたちは関係性のなかで存在しています。夫婦であれば、夫である自分は妻との関係性があって、夫として存在しているのです。親としての自分も、ビジネスパーソンとしての自分も、子どもや仕事仲間との関係性がなければ、成り立ちません。そう考えると、自分と関係性をもってくれる人に感謝の気持ちがわきませんか？

山花映水紅《さんかみずにえいじてくれないたり》

山の花が水面全体に映って、紅に染まっている。その景色の美しさは、山花と水との絶妙な関係性の上に成り立っている。

正念場では腹をくくる

不退転《ふたいてん》

悟ったら、その境地から後退しない。
迷いの世界に戻らない。
固く信じて、屈しない。

5月21日

この禅語は一般的にも「不退転の覚悟」「不退転の決意」といったふうに使われています。ものごとを柔軟に考える、ものごとに柔軟に対応する、ということは大切ですが、ここいちばんというときには、自分を信じきって突き進むことが必要でしょう。常に〝腹をくくる〟準備はしておきましょう。

心は所作にあらわれる

5月22日

行住坐臥《ぎょうじゅうざが》

歩く（行）、立ち止まる（住）、
座る（坐）、横になって寝る（臥）。
日常の立ち居ふるまいのすべてが修行である。

日常のふるまいには、心のありようが映し出されます。朝ごはんを食べるとき、きちんと手を合わせて「いただきます」をしていますか？　電車ではだらしなくすわっていませんか？　すれ違って肩を触れた相手に「すみません」といえていますか？　もし〝否〟であるなら、そこから整えていきましょう。できることは、そのつど確実にやっていきましょう。

5月23日

自分の役割を果たすことにつとめる

山《やま》是《はこれ》青々《せいせい》花《はな》是《はこれ》紅《くれない》

山はどこまでも青々とし、
花はあざやかな紅に咲いている。
そのコントラスト（役割分担）が
おたがいを引き立て合っている。

野球についてよくいわれるのが、四番打者をズラリとそろえても、チームは強くならないということです。一番は一番の役割、八番は八番の役割をしっかり果たすこと。それが強さのカギです。一事が万事。仕事の四番にならなくてもいいじゃないですか。八番ならその役割を果たしていく。それが、周囲を引き立て、全体を強力にします。

5月24日

できることはそのつど確実にやっていく

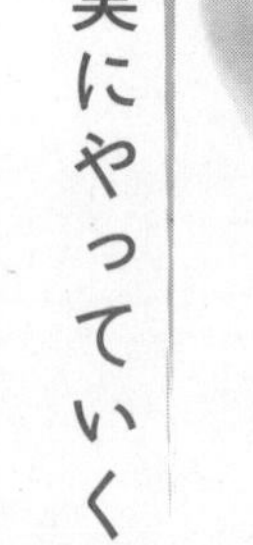

食事が終わり、片づけをする段になって、「ちょっと疲れているし、億劫だなぁ。明日の朝にするか」といった経験は誰にでもあるのではないでしょうか。しかし、そのときできることを先送りにすると、翌朝、もっと億劫になります。できることはそのとき確実にやる。もっとも有効な時間の使い方、時間を無駄にしない生き方です。

生《しょう》死《じ》事《じ》大《だい》
無《む》常《じょう》迅《じん》速《そく》

時はとどまることがなく、
あっという間に過ぎ去っていく。
かぎられた人生の時間を、
一瞬たりとも無駄にしてはいけない。

5月25日

脚下照顧《きゃっかしょうこ》

目を向けるべきはみずからの足元（脚下）。
次の一歩を踏み出すのは、そこからしかない。

履き物をそろえると、心に余裕が生まれる

日常はいつも平坦にすぎていくわけではありません。充実感に満ちた日もあれば、落ち込むこともあるでしょう。感情も揺れ動きます。だからこそ、みずからの足場をしっかりと固めておくことです。まず、脱いだ履き物はきちんとそろえましょう。履き物が整うと、心も整い、余裕が生まれます。足場が固まるのです。

5月26日

成功は〝味わう〟より〝忘れる〟ことが大切

重要な仕事ですばらしい成果を上げた。快哉《かいさい》を叫びたいところです。もちろん、それもよいですし、勝利の美酒に酔うひとときがあっても、また、よしです。しかし、以後は成果を忘れましょう。成功体験を引きずっていると、慢心にも、油断にもつながります。それは、思わぬところでポカをする大きな要因です。

忘牛存人《ぼうぎゅうそんじん》

修行を積んで、
やっと悟りの境地を手に入れたとしても、
そこでいったんそれを忘れる。

方言の〝和《なご》み力〟を信頼する

地方出身者には、方言は恥ずかしいと思い込んで、口数が少ない人がいると聞きます。わたしはお国言葉にはもっともっと、誇りも自信ももつべきだ、と考えています。方言は平板な標準語の会話に、ホッとする、あたたかい彩りを添えます。方言についての、マイナスの思い込み、固定観念は、即刻、捨てましょう。

無念無想《むねんむそう》

心のなかにある固定観念、
自分を縛っている自我、
執着、妄想から離れる。

5月27日

あるがままにまかせたら、心は自由でいられる

5月28日

うれしいことがあれば喜び、思いどおりにならないことがあればへこみ、ジタバタしたりする。毎日はそんなことのくり返しかもしれません。そこから解き放たれましょう。起こったことは自然の流れ。そこに抗うから悩みや苦しみが生まれるのです。流れにまかせていれば、心は穏やかに、軽やかになります。

任《にん》運《うん》自《じ》在《ざい》

すべてを自然の流れにまかせ、
はからいをせず、
あるがままを受け容れる。

日々の努力を怠らないことが結果へとつながる

少水常流如穿石《しょうすいつねにながれていしをうがつがごとし》

わずかな水の流れでも、
流れつづけていると、
やがては、硬い石すらも貫く力になる。

5月29日

仕事でのミスは、おそらく誰もが経験していることでしょう。めげて、落ち込む。でも、そこにとどまっていてはいけません。失敗の原因を謙虚に探り、同じ過ちをくり返さない努力を、ただひたすらつづけていく。それは、間違いなく、次の〝結果〟へとつながる努力です。「怠らないこと」。それをこの禅語は教えています。

5月30日

小さなことで、世界の、人びとの、役に立つ

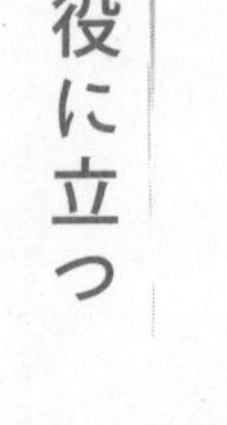

「日本人は、安全と水はタダだと思っている」――。そう喝破したのは、評論家の故・山本七平さんでした。洗顔のとき、洗いものをするとき、入浴のとき……水を出しっ放しにしていませんか？　それをやめ、こまめに水をとめるようにする。誰もがそうしたら、どれほど水資源の節約になるでしょう。些細なことが、世界に、人類に貢献するのです。

杓底一残水《しゃくていのいちざんすい》
汲流千億人《ながれをくむせんおくのひと》

柄杓の底の水を残して谷川に戻せば、大勢の人がそれを汲むことができる。どんなものも細心の注意を払って、大切に、大切に、扱う。

“損得”ではなく、“なすべきこと”を見据える

大道在目前《だいどうもくぜんにあり》

世の中の真理は手の届かないところにあるのではない。
いつも、目の前のいたるところにある。

5月31日

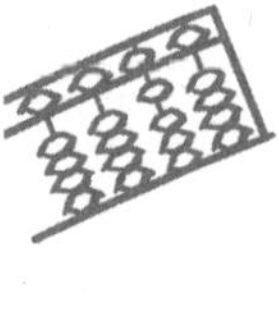

自分のとる行動が正しいか、間違っているか、判断に悩むことがあると思います。ポイントはただひとつ。それが、そのとき、そこで、“なすべきこと”なのかどうかです。なすべきときに、なすべきところで、なすべきことをやっていれば、間違うことはありません。損得がはたらいたりするから、間違うのです。

水無月

損か、得かを思うと、目がくもってくる

6月1日

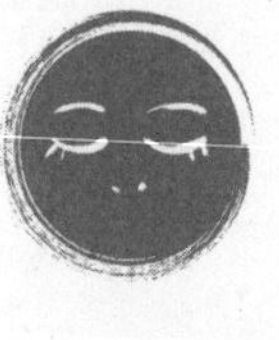

仕事や人間関係で、「この仕事をするといい評価がもらえそうだ」「この人とつき合ったら人脈が広がる」といった思いをもったことがないでしょうか。損か得かを考える。いわゆる分別です。しかし、仕事の楽しさや人間関係の喜びという〝すばらしい景色〟は、そこから離れないと、感じることはできません。

一片好風光《いっぺんのこうふうこう》

分別を断ち切ると迷いが晴れ、
すばらしい景色が見えてくる。

どこでだって、〃自分らしく〃なれる

人はみんな、他人を羨んだり、みずからが置かれた状況に不満をいだいたりすることがあるものです。そんな思いを引きずったままものごとに挑んでも、期待する結果は得られません。なぜなら、いま、そこに、〃一生懸命な自分〃がいないからです。どんな状況でも、主体的にかかわる。その姿勢で仕事にも、ものごとにも取り組みましょう。

随処作主《ずいしょにしゅとなれば》 立処皆真《りっしょみなしんなり》

どのような状況であっても、
みずからが主体的に行動することによって、
そこには真理があらわれ、
自分らしさを実現できる。

6月2日

自分らしさに優劣などない

山《やま》是《これ》山《やま》水《みず》是《これ》水《みず》

山は山として、
水は水として完結しており、
それぞれ、そのままで、
十全に存在を発揮している。

劣等感をもっている人は少なくありません。彼は人づき合いがうまい、それに比べて自分は……。しかし、誰かと比べることに意味があるでしょうか。人づき合いがうまいのも、へたなのも、個性なのです。個性に優劣はありませんし、個性こそが自分らしさではないでしょうか。堂々と、胸を張って、自分らしくあったらいいのです。

地位をはずした本来の姿を見る

一無位真人《いちむいのしんじん》

世の中、俗世間の地位などに関係なく、人は等しく、命をいただき、生かされている。みんなが尊い存在である。

人の尊さは、なにより、命をいただいて、いま、ここに、生かされていることにあります。社会的な地位など、たまたまついた、ちょっとした〝飾り〟。それ以上のものではありません。そのことに気づきましょう。すると、地位に惑わされることがなくなって、その人本来の姿が見えてきます。

6月4日

人生の紆余曲折を楽しむ

6月5日

一滴の水が海に注ぎ込むまでには、紆余曲折があるでしょう。小さな川を流れることもあれば、ゆるやかな流れに乗ることもある。急流をゆくこともあれば、滝となって水しぶきをあげることもありそうです。どこか、人生に似ていますね。どんな状況でも、そこで自分をしっかりもって、楽しむのがいい。そう伝えている禅語です。

水《みず》滴《てき》々《てき》

一滴の水も、やがて、
大河になり、海になる。
水の雫も、大河も、
水であることに変わりはない。

6月6日

心は「いま」だけに向けていればいい

莫妄想《まくもうぞう》

妄想するなかれ。
過去に縛られ、未来に不安をいだくことは、
単なる思い込み（妄想）にすぎない。

そこに立ち戻ってやり直すことのできない過去を悔やんだり、まだ起きていない未来に漠然とした不安をいだいたり……。どちらも妄想です。現実は「いま」にしかないのですし、しっかり向き合わなければいけないのもまた、いまだけなのです。心をいまにふり向けていたら、いたずらに迷うことはありません。

6月7日

目標にいたる道は、一歩一歩の積み重ねしかない

高い目標を掲げることはいいことです。「プロジェクトのリーダーになる」。さて、そこへの道筋ですが、これは、どんな小さなことでも、自分に与えられた役目を着実に果たしていくことしかありません。資料集め、連絡係、会議室の確保役……。何であっても、全力で当たれば、それはまちがいなく、リーダーへの一歩です。

一滴潤乾坤《いってきけんこんをうるおす》

一滴の水が地球全体を潤す。
何ごとも小さなことから始まり、
大きなものとなっていく。

〝待つこと〟は、〝自分を磨くこと〟

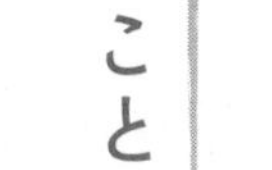

仕事でもプライベートでも、「恵まれないな〜」と感じている人はいるかもしれません。プロジェクトメンバーに選ばれなかった、相手に思いを伝えたけれど断られた……。大丈夫、いずれ風は吹き、門は開きます。大切なのは、その〝待ち方〟。仕事のスキルを高め、自分を磨いておく。そして、門が開いたその瞬間に、即時対応です。

風来自開門《かぜきたりてもんおのずからひらく》

いつのときか風は吹き、
門は自然と開いてくれる。

6月8日

6月9日

やさしさも、知性も、経験のなかで培われる

思いやり、やさしさと知性。すぐれた人格の基本となるのはこの二つでしょう。それを培っていく土壌となるのは、やはり、経験の積み重ねだと思います。日々、経験することを、いつも、真摯に受けとめていくこと、どんな経験も疎かにしないことが、いちばん大切なのではないでしょうか。仁と智、育てていきましょう。

仁者楽山《じんしゃはやまをたのしみ》
智者楽水《ちしゃはみずをたのしむ》

仁を得た人は、安らかで悠然として山を楽しむことができ、智を得た人は、臨機応変に素速く動くことができるから、水を楽しむことができる。静（山）と動（水）、いずれの状況にも対応して楽しむ。

「執着（塵や埃）」は心を重く、窮屈にする

人は生きていくうちに、さまざまなものを身にまとっていきます。心に塵や埃が積もってもいく。わたしはそれを、心のメタボリックシンドロームと呼んでいます。塵や埃を剝がしていくこと、捨てていくことが求められます。あたたかくなると、衣服を軽い薄手のものに着替えるように、心も軽くしませんか？

6月10日

放下着《ほうげじゃく》

捨てて、捨てて、
捨て切ってしまえば、
心は軽く、自由になる。

変わることのない拠りどころを見つける

6月11日

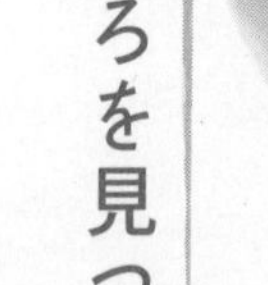

時代とともに価値観やものの見方は変わります。いわゆる〝時代性〟ですが、それを取り入れていくことは必要でしょう。しかし、もっと必要なのは、時代を超えて不変の拠りどころです。難しく考えることはありません。「嘘をつかない」「人を傷つけない」といったことでもいい。それだけは守っていく拠りどころが、生きる自信につながります。

水急不流月《みずきゅうにしてつきをながさず》

川はいくら勢いよく流れていても、
水面に映る月を流すことはできない。
時代は移り変わっても、
真理（本物）は変わることがない。

感情は、ありのまま受け容れて、とどまらない

平《びょう》常《じょう》心《しん》是《これ》道《どう》

悟りは修行の先にあるのではない。
日常の、当たり前の、心こそ悟りである。

6月12日

人にはさまざまな感情があり、シチュエーションによっては心が大きく揺れたり、震えたりすることもあるでしょう。そのとき、誰もがその感情を押さえ込もうとします。ありのままを受け容れて、そこにとどまらない。それが「平常心」です。喜怒哀楽の感情はあって当たり前。いつまでもとどまらなければ、怒っても、悲しんでも……いいのです。

6月13日

〝もたない〟ことが、清々しさの始めの一歩

碧潤泉水清《へきかんのせんすいきよし》

深い谷底に湧く泉の水は、
清く澄みわたっていて、
それを眺める人の心まで、
清らかにしてくれる。

歴史のなかに清浄に生ききった人を探せば、まず、良寛さんがあげられる、とわたしは思っています。その暮らしぶりを象徴するのが〝清貧〟でしょう。もちろん、現代人が良寛さんのように生きることは至難ですが、爪のアカをいただくことくらいはできます。必要以上に物をもたない。そこから始めませんか？

頭でっかちでは前に進めない

冷《れい》暖《だん》自《じ》知《ち》

目の前にある水が冷たいのか、
あたたかいのかは、
みずから〝体感〟しなくてはわからない。

6月14日

次の一歩がどうしても踏み出せない、大切な場面でつい尻込みをしてしまう……。仕事でも、プライベートでも、そんな場面を幾度となく経験しているのではないでしょうか。そうなるのは、行動を起こす前に結果を〝考えて〟しまうからです。行動しなければ、どんな結果になるかはわかりません。まず、動くことが大事。そう教える禅語です。

6月15日

絶え間ない努力が、たしかな足跡を刻んでいく

水《すい》到《とう》渠《きょ》成《せい》

水が流れるところには「渠（みぞ）」ができ、流れつづけていれば、渠は深さを増していく。

努力をしたら、何らかの結果が欲しい。そう考えるのがふつうかもしれません。いい結果が得られれば、モチベーションも高まります。しかし、目には見えなくとも、かたちとしてあらわれなくとも、努力は結果に向けて、たしかなプロセスを刻んでいます。水が流れつづけるように、努力を継続することが大事です。

道理に沿った生き方は、日常のなかにある

禅は、道理（真理）に沿って生きなさい、と教えます。「そんな難題、とてもできそうにない」などといわないでください。梅雨空をうっとうしいと思うのではなく、雨中に咲く紫陽花のしっとりした美しさに心を寄せる。そんなことも、〝季節の移ろい〟という道理に沿って生きることです。

水流元入海《みずながれてもとうみにいり》
月落不離天《つきおちててんをはなれず》

どこを流れる水も、海にたどり着いてひとつになり、西に沈む月も、天から離れることはない。大宇宙は道理にしたがって動いている。

6月16日

人はみな、やさしく見守られている

6月17日

慈眼視衆生《じげんじしゅじょう》
福聚海無量《ふくじゅかいむりょう》

観音様はやさしい、思いやり深い視線でいつも衆生（人びと）を見ておられる。そこには海のように無限の福徳、幸せが広がっている。

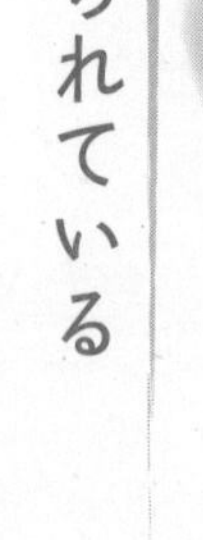

誰かに見守られているという実感は、元気や勇気を与えてくれるのではないでしょうか。「まわりには自分を見守ってくれる人なんかいない」。そう感じている人がいるかもしれませんが、そんなことはありません。観音様の視線は、わたしたちにあまねく注がれています。それを信じていたら、安心して生きられますね。

6月18日

「欲しい」と思ったら、ひと呼吸置く

煩悩の最たるものである「欲しい」という思い。それを完全になくすことはできません。しかし、減らしていくことはできます。何かを欲しいと思っても、ひと呼吸置きましょう。時間をかけて冷静に考えたら、それが必要不可欠なものか、そうでないかがわかります。そうでないなら買わない。それは仏性がひとつ明らかになったことです。

雲《くも》収《おさまりて》山《さん》岳《がく》青《あおし》

山にかかっていた雲が収まって、青々とした山の姿があらわになる。煩悩がなくなると、自分のなかの仏性が明らかになる。

素直な心が、清々しい人生に導く

6月19日

ものごとをシニカルにとらえたり、ものごとに対して斜にかまえたりするのが、どこかかっこいいと思われるところがあるようです。そうさせるのは、「自分はそんなレベルではない（もっとレベルが高い人間だ）」という自惚れ、思い上がりでしょう。そのままでは人生迷うことになりそうです。素直になったら、ずっと清々しい人生になります。

直《じき》心《しん》是《これ》我《わが》師《し》

執着や偏見、自我を捨て切った、あるがままの心、裸のまっさらな（素直な）心が、自分を導く師である。

抗うから縛られる。まかせたら自由でいられる

雲無心出岫《くもむしんにしてしゅうをいず》

山腹の岫《あな》（洞穴）から雲がわき出ていく。
雲には何のはからいもなく、
すべてを風にまかせきって、
どこまでも自由である。

6月20日

人事異動で思いもしなかった部署に配置転換された。組織では珍しいことではないでしょう。「いままで培ってきたキャリアが活かせないじゃないか」。そう思うかもしれません。しかし、その〝風〟に抗おうとすると、心が縛られます。まかせることです。そして、新天地で心機一転がんばる。自由な心とは、そういうものです。

紫陽花《あじさい》に真理を見る

6月21日

露堂々《ろどうどう》

真理は求める必要も、探す必要もない。
そこかしこに堂々とあらわれている。
それに気づくことである。

六月は紫陽花を愛でる季節です。雨滴を宿らせて咲く紫陽花は、「美しい」と感じさせます。では、色褪せて枯れかかっている紫陽花は？　おそらくなんの感動も呼ばないでしょう。しかし、咲いている姿も、枯れそうな姿も、紫陽花なのです。美しい、つまらない、ではなく、そこに時の移ろいを感じる。それも、真理に気づくことです。

無理をしたら、ひずみが起きる

一渓流水繞青山《いっけいのりゅうすいせいざんをめぐる》

一筋の渓流が青山のまわりをめぐりながら流れていく。まったく無理がない自然の姿。

6月22日

ものごとを性急に進めたがる人がいます。仕事でいえば、直属の上司ではラチがあかないからと、その上の人間に直接はたらきかける、といったタイプがそうでしょう。しかし、そんな強引な手法は軋轢《あつれき》を生みます。無理は引っ込めて、それぞれの立場を尊重する。ビジネスパーソンが、基本としてわきまえるべき姿勢です。

心の姿勢がおこないの〝質〟を決める

6月23日

姿勢とは、身体的なことはもちろん、ものごとや人に対する態度も含みます。ものごとに真っ直ぐ向き合う、人に先入観なく接する。それが正しい（心の）姿勢でしょう。禅語でいう影は、「おこない」と解釈してもよいと思います。節度あるおこない、品格を感じさせるふるまいは、心の正しい姿勢から生まれるのです。

形直影端《かたちなおければかげただし》

背筋がのびたきちんとした姿勢を保っていれば、足元に落ちる影もおのずから端正なものとなる。

寝る前の三十分間でわだかまりを消す

雨《あめ》過《すぎて》竹《ちく》風《ふう》清《きよし》

ひとしきりの雨がやみ、
竹林を通り過ぎる風が清々しい。
わだかまりが消えると、
心は清々しいものになる。

6月24日

仕事や人間関係で、わだかまりを感じることもあるでしょう。それをずっと引きずっていると、夜も眠れなくなったりします。寝る前の三十分間、心地よいことをしてすごしたらいかがでしょう。好きな音楽を聴いたり、詩集をひもといたり、お気に入りのアロマを焚くのもいいですね。心地よさがわだかまりを払拭してくれます。

自分の道は歩みつづけることでしかつくれない

自分の仕事のやり方に疑問をもったことがある、という人は少なくないかもしれません。「彼は巧みな営業トークで実績をあげている。自分もトークを学んだほうがよくはないだろうか」。〝彼の道〟が気になるわけです。しかし、まずは自分の道で一歩ずつ進んでいくことです。信じて歩みつづければ、それが自分の揺るぎない道になります。

大道通長安《だいどうちょうあんにつうず》

仏道を究めるための決まった道などない。どの道を行っても、仏道を究めることはできる。

迷ったら「縁」にしたがう

雲《くも》去《さりて》青《せい》山《ざん》露《あらわる》

空を覆っていた雲が晴れて、
青々とした山があらわれる。
迷いがなくなって、
本来の自分が見えるようになる。

6月26日

人は常に迷いながら生きているのかもしれません。迷ったときは「縁」を大事にしなさい、と禅は教えます。たとえば、転職先に迷ったら、待遇の良し悪しではなく、縁を感じるほうを選ぶ。心から信頼している人からの誘いなどは、縁といっていいでしょう。縁にしたがった選択をしていれば、本来の自分を見失うことはありません。

6月27日

挑戦

自分でやったことしか、身にはつかない

「成功本」と呼ばれるものがあります。仕事、恋愛、結婚、財テク……と、その守備範囲は多岐にわたりますが、ひとつ頭に入れておいていただきたいのは、そのノウハウやスキルは、著者が体験（または、見聞き）したものだということです。わかった気にならないでください。自分でやってみる。それ以外に、ノウハウもスキルも身につきません。

他不是吾《たこれわれにあらず》

他人のしたことは、
自分がしたことにはならない。

生かされている自分だから、誰かを生かすことができる

人は自分の力で〝生きている〟と思いがちです。しかし、ほんとうは、かかわりをもってくれる大勢の人たちの支えがあって〝生かされている〟のです。そのことを心にとめておきましょう。生かされている自分を感じていると、必ず、どこかで誰かを生かすことができます。人間関係が、一段階も、二段階も、美しいものになります。

雨過青苔湿《あめすぎてせいたいうるおう》

雨上がりの苔が青々と潤っている。
雨と苔がおたがいを生かしている美しい情景。

6月28日

こだわりを手放すと、視界が一気に開ける

6月29日

こんな仕事をしたい、こういうふうに生きたい、と考えるのは悪くはありませんが、そこにあまりにこだわると、可能性の幅を狭めることになってしまいます。いったんそれを手放して、自由に発想してみたらいかがでしょう。天職や生き方の指針は、案外、思わぬところにあったりするものです。とらわれないで、ゆったり、見つけていきませんか？

無《む》一《いち》物《もつ》中《ちゅう》無《む》尽《じん》蔵《ぞう》

心に何もとらわれるものがなくなると、あらゆる可能性が開かれていく。

6月30日

香《きょう》厳《げん》撃《げき》竹《ちく》大《たい》悟《ご》

香厳和尚がいつものように尊敬する祖師の墓を掃除していたとき、小石がはじけて竹に当たった。その音を聞いて和尚は悟ったとされる。何ごとも求めつづけること、コツコツやりつづけることが大事。

自分を尽くして、やりつづける

仕事のスキルでも、人間としての器量でも、向上する際のきっかけとなるのが、ふとした気づきです。それまで気づかなかったことに気づく。それが自分を引き上げます。気づくための条件は、そのときの自分を十全に尽くして、目の前のことをやりつづけることです。現状に手抜きをしたら、気づきも、開眼もありません。

まず、〃小志〃を貫く

大志をいだくことは大事ですが、それを成すには、小さなこと（小志）を確実にやり抜いていくことが、前提ではないでしょうか。「こうしよう」と自分で決めたことは守り抜く。身近なことでは、朝起きたら、家族に明るく「おはよう」と声かけする、といったことでもいいと思うのです。それを貫くことが、大志成就への道です。

一志不退《いっしふたい》

志を立てたら、
それを成すまで一歩も引かない。
迷わず突き進む。

7月2日

夏炉冬扇《かろとうせん》

夏の炉、冬の扇は、
その時期には役に立たないが、
必ず、役に立つときがやってくる。

〝腐らず〟〝嘆かず〟〝焦らず〟、好機を待つ

「使えない自分」を感じている人はいないでしょうか。会社でも表舞台には立てないし、友人たちといても影が薄い。しかし、それは活躍する時機と場面がいまはまだきていないということです。待機しましょう。ただし、漫然と待っているのではだめです。〝腐らず〟〝嘆かず〟〝焦らず〟。持ち場で努力を積みあげましょう。

7月3日

周囲の〝雑音〟は黙殺していればいい

人の意見を聞くことは大切ですが、噂話のたぐいまで気にしていたら、気持ちの安まる暇がなくなります。世の中には口さがない人がたくさんいますし、無責任に非難や批判をしたがるものです。ここは腹をどっしり据えて、サラリと受け流しましょう。「人の噂も七十五日」といわれるように、その種の話の賞味期限は短いのです。

青山《せいざん》元《もと》不動《うごかず》

山は悠々と聳え立ち、
堂々として、少しも動くことがない。
周囲の声にとらわれて、右往左往しない。

7月4日

夏天氷未釈《かてんのこおりいまだとけず》

夏の太陽が燦々と照りつけるなかでも、
氷は未だとけない。
外の環境に左右されない強靭な心。

噂話には無視が効く

人の口に戸は立てられないといいますが、古今東西を問わず、噂話のたぐいが〝大好物〟という人は少なくないようです。その標的になることがあっても、どっしりかまえてジタバタしないことです。反論や弁解は火に油を注ぐことにしかなりません。強い心で泰然《たいぜん》たる無視を貫く。それにまさる噂話撃退法はありません。

7月5日

仏法は、いま、ここにある〝命〟にあらわれている

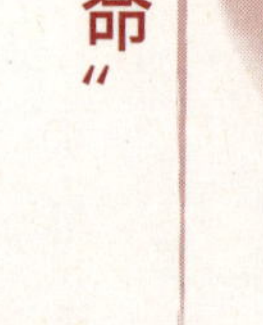

命について考えたことがありますか？　自分の命は、両親をはじめ数多くのご先祖様が命をつないできてくれた結果として、いま、ここに、あるのです。一人でも欠けていたら、自分の命は存在しません。それが仏法、宇宙の法則です。奇跡のようにすごいことです。命に感謝しましょう。それも、仏法に沿うことです。

仏法如大海《ぶっぽうたいかいのごとし》

仏法とは宇宙の法則、大自然の法則であり、大海のように広く、深く、ひろがっている（そこいらじゅうにある）。

一人〝自分を思う〟時をもつ

白雲抱幽石《はくうんゆうせきをいだく》

白い雲が幽寂な石をいだくように覆っている。
その様子は一人になって、
穏やかで心静かな時間をもつことが
必要といっているかのようである。

7月6日

一人ですごす時間がないのが現代人。夏休みに一人旅をしてはいかがでしょう。山間の小さな鄙びた宿に泊まって、地産地消の食材でつくられた夕食を味わい、その後、ゆったりと自分のこれまでを見つめてみる。静寂のなかですぎていく時間は、思い出深い記憶として刻まれ、人生と真摯に向き合うきっかけともなるでしょう。

邪念や妄想を捨てて、自然と一体になる

無心風来吹《むしんにかぜきたりふく》

風は、人に涼しさを
届けようなどという考えはなく、
ただ、無心に吹いている。

7月7日

無心で何かをするのはなかなか大変です。しかし、子どもの頃には誰もがそれを経験しているはず。遊んでいて、気がついたら、あたりがすっかり暗くなっていた。まさに無心で遊んでいたのです。大人でも、趣味やスポーツなどでなら、そんな時間がもてそう。心のクリーンアップのためにも、ぜひ、無心になれるものを見つけましょう。

笑顔には人を惹きつけるパワーがある

周囲に人が自然に集まる、という人がいます。その人たちに共通しているのは、笑顔を絶やさないということではないでしょうか。仏頂面や苦虫を噛みつぶしたような表情の人からは、少し距離を置きたいと思いますし、笑顔の人には近づきたいと思うのが人の気持ちというものです。この笑顔の〝引力〟、あらためて認識し、実践してください。

喜色動乾坤《きしょくけんこんをうごかす》

喜びに満ちあふれている人は、天地を動かすほどの力がある。穏やかな笑顔のもとにはたくさんの人が集まる。

7月8日

7月9日

自在な心はどんな境遇にも対応できる

孤《こ》雲《うん》本《もと》無《む》心《しん》

空に浮かぶひとかたまりの雲は、どのようにでもかたちを変え、どちらの方向にでも流れていく。自由自在な心の境地。

「禍福はあざなえる縄のごとし」の諺もあるように、幸福と不幸は交互にやってくるのが人生なのでしょう。順境と逆境もそう。そのどちらにあるかによって、心のありようも違ってくる。しかし、振れ幅は小さいほうがいいのです。順境にあって驕らず、逆境にいても腐らず。自在な心とは、そういうものだという気がします。

心のもちようで、人生の輝きが違ってくる

つらいことを経験して、「なぜ、よりによって自分がこんな目に遭わされるのだ」と考える人がいます。いっぽう、同じ状況で、「このつらさが、自分を人にやさしくできる人間にしてくれる」と受けとめる人もいる。心のもちようがまったく違うわけです。さて、どちらの人生が輝くものになるか。答えははっきりしていますね。

心《しん》外《げ》無《む》別《べっ》法《ぽう》

心の外に仏法はない。
すべては自分の心によって生じる。
心のもちようで、幸福にもなるし、不幸にもなる。

7月10日

7月11日

生活の乱れを正すカギは「朝」にある

心に塵や埃を積もらせるのが生活の乱れです。夜は毎日のようにお酒を飲み、遅くまで起きていて、休日になると昼まで寝ている。そんな生活は立て直しましょう。がんばって、とにかく、朝は早めに起きて、きちんと朝食をとる。乱れを正すポイントは、なんといっても朝です。朝を正せば連鎖的に乱れは改善されます。

時時勤払拭《じじにつとめてふっしきせよ》

常に邪念や妄想などの心の塵を払い除き、心を汚さないようにつとめる。

「思ったとおりにしたい」が心を乱す源

人が不平不満を口にするのは、自分の思ったとおりにならないときです。欲しいものが買えない、ものごとが思惑どおりに進まない、他人が思うように動いてくれない……。思ったとおりにしたい、というのは欲です。それを少なくしていけば、そのぶんだけ、不平不満も減り、心は安らかになる。これも、禅の〝法則〟です。

寡欲則《かよくなればすなわち》心自安《こころおのずからやすらかなり》

欲を少なくすれば、
自然に心は安らかになる。

7月12日

ほかの人と代わることはできない
自分の人生でできることをする

大切な人が病気になったりしたら、代わってあげたいという気持ちにもなります。しかし、病気になったのはその人の人生ですから、誰も代わることはできません。自分の人生としてできるのは、快癒を祈ること、（相手が望むのなら）そばに寄り添うこと、あるいは、遠くから見守ること……。それを精いっぱいしたらいいのです。

本来空寂《ほんらいくうじゃく》

人は誰しも一人で生まれ、一人で死んでいく。
自分の人生を誰かに代わってもらうことも、
他人の人生を自分が代わってあげることもできない。

7月14日

天地与我同根《てんちとわれとどうこん》
万物与我一体《ばんぶつとわれといったい》

この世に存在するあらゆるものは、〝大本（根っこ）〟が同じである。自分と他人の区別などない。

言葉を探すのではなく、気持ちを汲みとる

恋人や友人を励ましたり、慰めたりすることがあるはずです。そのとき心にあるのは、「どんな言葉がこの場面でいちばんふさわしいか？」ということでしょう。しかし、肝心なのは、自他ということを超えて、相手の立場になることです。それができたら、言葉探しなんて必要ありません。相手の心に届く言葉が自然に出てきます。

7月15日

正攻法で臨めば、こだわりの九割はなくなる

友人にいわれた言葉が胸に刺さって、そのことにこだわってしまうということもありそうです。ここは正攻法をとるのが最良の手段でしょう。相手に言葉の真意を聞く。「あの言葉はどんなつもりでいったの？」。友人関係なら、悪意からものをいうことはないはずですから、聞けば、「なぁんだ」ということになるもの。こだわり、氷解です。

白雲自在《はくうんじざい》

白雲はなんのこだわりもなく、自由自在に風とともに流れていく。こだわりから離れた境地。

静かな時間で、心が澄んでくる

清寥寥《せいりょうりょう》 白的的《はくてきてき》

心が静かに澄みきっていて、
どこにもこだわりがない。

7月16日

人間関係で心が騒ぐこともあるでしょう。それは、小さな池に手を入れて、かきまわしたようなもの。底の泥や藻が舞って水が濁りますね。心もそんな状態になっているのです。もとの澄んだ状態に戻すには、何もせず、静かに待つのがいちばんです。深く呼吸をして、静かにしている。心はだんだん澄みわたってきます。

7月17日

生かされている自分だから、尽くすことができる

受身捨身《じゅしんしゃしん》

人は、受けた身、預かった命として存在している。それを返すまでは、身を捨てる覚悟で世の中のため、人びとのために尽くさなければいけない。

世の中に尽くす、人びとに尽くす、というと大変なことのように思うかもしれませんが、その土台となるのが「共生（ともいき）」という考え方です。人びとも、自然も、世の中も、わたしたちとともに生きています。それらがあって生かされている、といってもいいですね。そのことをふまえたら、〝捨身〟のかまえができる気がしてきませんか。

流れに逆らわず、自分をまっとうする

白雲自去来《はくうんおのずからきょらいす》

白雲はどこからともなくわき上がってきて、何ものにも遮られずに、左右、上下、自由に流れていく。

7月18日

人生にはハードルや障害がいくつもあるものです。それに直面したとき、強引にそれを超えようとしても、うまくいくものではありません。白雲は山が立ちはだかっていれば、それに沿うようにかたちを変えて、流れていきます。ハードルや障害も受け入れ、そのときの自然の流れのなかで、自分ができることをしていけばいいのです。

7月19日

本来の家族に立ち還るきっかけ

人はいろいろな「顔」をもっています。会社では上司（部下）としての顔がありますし、地域では○○家の主人、妻、といった顔で周囲と接しているわけでしょう。そんななかで、自分をさらけ出せる、自分を剥き出しにできるのは、本来、家族間だとわたしは思っています。肩肘張らないありのまま同士の絆。それが家族の自然なありようです。

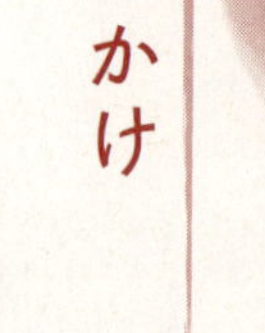

露《ろ》

どこにも包み隠すところがなく、すべてが剥き出しになっている。

見えないつながりにも感謝する

チームで取り組んでいた仕事が完成したとき、メンバーたちの協力と団結に思いを馳せ、感謝もするでしょう。しかし、つながりはそれだけですか？　打ち合わせのとき、お茶を淹れてくれた人、取引先からの電話を取り次いでくれた人……。そんな人たちもつながっていて一体なのです。感謝の視野を広げましょう。

萬《ばん》法《ぽう》一《いち》如《にょ》

この世にあるすべてのものの根源はひとつであり、すべてのものがつながり合って成り立っている。

7月20日

自然の営みから、自分の小ささを知る

7月21日

人は時に傲慢になります。自分たちの都合で、あるいは、利便性を求めて、自然を破壊したりするのは、その象徴的な行為でしょう。自分の小ささを知ることも大切です。モクモクとわき起こっている夏雲を眺めていると、「やっぱり自然はでっかいなぁ。かなわないや」という思いになる。夏の一日、そんな時間をもちたいものです。

夏雲多奇峰《かうんきほうおおし》

夏の雲（入道雲）の姿は雄大で、奇峰が連なっているかのようである。人知のおよばない大自然の営みの壮大なスケール。

場を与えれば、ものは活きて役立つ

枯木裏龍吟《こぼくりのりゅうぎん》

たとえ枯木であっても、強い風が吹けば、龍の鳴き声のように、猛々しく鳴り響く。一見、役に立たないように見えても、世の中に役に立たないものなどない。

役に立つには場が必要です。うっかりシミをつけてしまったお気に入りの柄のシャツ。これだって、たとえば、ティッシュケースにリサイクルすれば、〝お気に入り〟の一品ができあがります。場を得たのです。百均ショップもあり、使い捨て思想が広く浸透しているこの時代だからこそ、「捨てずに活かす」発想が素敵じゃないですか。

7月23日

どう集中し、どう継続するか

面《めん》壁《ぺき》九《く》年《ねん》

壁に向かって九年間、坐禅をする。
禅宗の始祖・達磨大師は、この修行で悟りを得られた。
集中と継続の大切さ。

取り組んだことに集中する。それが禅の基本です。しかし、継続することも、また、大事です。もちろん、集中力はそう長くつづきませんから、ここでいう継続は、常に〝ひとつのことに集中する〟というかまえでいること、その姿勢をもちつづけること、を意味します。それができていたら、ものごとへの取り組みは間違えません。

涼風招人《りょうふうひとをまねく》

暑い時期の樹林の木陰や、清流のほとりは、涼を求める人の最高の憩いの場となる。清々しさを感じさせる人は、人を惹きつけてやまない。

7月24日

人間関係では距離感がいちばんのポイント

涼しげな人、清々しさを感じさせる人には、共通点があるような気がします。他人とのあいだの距離感をうまく保っている、というのがそれです。親しくなったからといって、心にズカズカと踏み込むようなことはしない。誰の心にも不可侵ゾーンがあるものです。それを侵されると、うっとうしさ、暑苦しさを感じるのです。ほどよい距離感は大事です。

7月25日

親しき仲こそ、礼を重んじる

竹有上下節《たけにじょうげのふしあり》

一本の竹も節によって上下に分かれている。
上下関係は、おのずとわきまえなければいけない。

フレンドリーな人間関係はいいものです。先輩後輩の別なく、気軽に言葉を交わしたり、上司と冗談をいい合ったり……。しかし、その根底には相手が先輩であるという意識、上司であるという認識がなければいけません。しかるべき状況や場面では、その意識や認識をふまえた言動をする。それが礼節をわきまえるということです。

本来の自分だけが、すばらしさを感じられる

八面玲瓏《はちめんれいろう》

つまらないはかりごとをいっさい捨ててしまえば、人生はもっとすばらしいものになる。

7月26日

自分をよく見せたい。人にはそんなところがあります。恋愛でも相手に少しでも素敵だと思われたい、と考えて見栄をはったり、背のびをしたりする。しかし、そんな本来の姿から離れた自分でいる時間はすばらしいものでしょうか。そうではないでしょう。すばらしい時間も、人生も、本来の自分でしか、感じることができないのです。

7月27日

習慣で生活に爽快な流れをつくる

こんな言葉があります。「はじめに人が習慣をつくり、それから習慣が人をつくる」。よい習慣をもったらいかがでしょう。いちばんのおすすめは「早起き」。三十分早く起きると、一日がそれまでと違ってきます。もちろん、習慣でもっとも重要なのは、途中で挫折しないこと。挫折してしまったら、生活の爽快な流れが止まってしまいます。

清流無間断《せいりゅうかんだんなし》

清らかな水は絶え間なく流れてくる。とどまることなく流れるから、清らかなのである。

ありのまま精いっぱい生きることの大切さを知る

蟬の鳴き声で夏を感じるという人は少なくないでしょう。あの声、うるさく感じることもあるでしょうし、時には聞き入ったりもするのではありませんか？　しかし、蟬はいっさい何も思わず、ただ、命のかぎりに鳴いているのです。これが、無心ということ。蟬の声に無心を知る。そんなひとときをもつのも悪くありません。

無心《むしん》

思惑、邪念、雑念……から離れた
あるがままの心。
その心で生きることがいちばん大切。

7月28日

7月29日

朝のルーティンで、からだも、心も、目覚めさせる

暑さの影響もあるのか、朝っぱらからどうも気持ちがシャキッとしないということがあるかもしれません。気持ちを立て直すのは簡単ではありませんから、ここはからだです。軽くからだを動かして、冷たいシャワーを浴びる。からだがシャキッとすれば、心もそれについてきます。この一連の流れを、夏の朝のルーティンにしてはいかがでしょう。

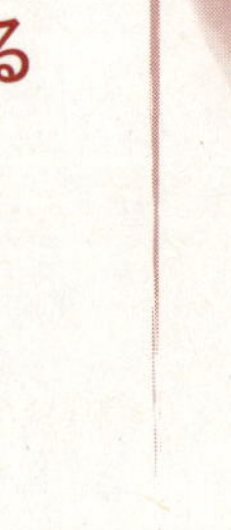

身心一如《しんじんいちにょ》

からだと心は一体であり、切り離すことができない。

イメージ力で涼を感じる

瀧直下三千丈《たきちょっかさんぜんじょう》

巨大な滝が真下にどこまでも落ちている。
いかにも涼しげな風情。

7月30日

日本人は夏に涼を感じる工夫をさまざまにしてきました。すだれ、よしず、風鈴、釣りしのぶ、打ち水……などは、その代表格でしょう。それらは五感に訴えるものですが、〝想像力〟でも、涼しさを感じることができるのではないでしょうか。この禅語のいう景観をイメージしてみる。滝しぶきが発するマイナスイオン、感じられませんか？

7月31日

いまに集中すれば、過去は離れていく

人生には、人に裏切られたことで人間不信に陥ることがあるかもしれません。しかし、裏切られた自分は過去の自分であって、いまの自分ではありません。大事なのは、もちろん、いまの自分。後ろなんか振り向かないで、ひたすらいまだけを見据えればいいのです。いまに集中していれば、過去はどんどん離れていきます。

前後際断《ぜんごさいだん》

過去、現在、未来と時間はつながっているように思えるが、
それぞれの際（あいだ）は断ち切られている。
過去、未来にとらわれることなく、
現在（いま）に集中することが大事。

煩わしい、やっかいも、〝よきもの〟である

煩わしいこと、やっかいなことは、手をつけるのが億劫になります。しかし、それらも仏様から与えられているのです。煩わしいこと、やっかいなことを、やりおおせたとき、どんな気持ちになるでしょう。解放感にあふれて、なんとも爽快な心もちではないですか？　仏様はそれをもたらしてくれる〝よきもの〟をくださったのです。

一心不生《いっしんふしょう》

この世で起きることは、
すべて仏様から与えられたもの。
どれもが自分にとってよきものととらえる。

8月1日

誰かがいて、自分がいる

8月2日

青山白雲《せいざんはくうん》

自然のなかでは
対立して存在しているものは何もない。
すべてのものが、
たがいに支え合うことで存在している。

雲が山の峰にかかるときも、麓にたちこめるときも、そこに風情ある景観があらわれます。たとえ、雲がすっぽり山を覆ってしまっても、それは、雲と山があってはじめて、つくりだされる景色なのです。たがいに支え合い、補完し合っている関係でしょう。人と人とのつながりも、そのようにありたいものです。

清らかな心が、美しい人間関係をはぐくむ

清らかな心に立ち戻るには、我欲から離れることです。欲得抜きの自分でいれば、類は友を呼ぶ、ということになり、同じような心をもった人が周囲に集まってきます。おたがいが相手に何も求めない、清浄心同士が結び合っている関係です。それにまさる、清々しく美しい心の交流はありません。

自《じ》性《しょう》清《しょう》浄《じょう》心《しん》

人は本来、汚れのない清らかな心をもっている。
そのことに気づくと、
清らかな心と心のつながりが生まれる。

8月3日

豊かな自然とともに暮らす

8月4日

庵中閑打坐《あんちゅうしずかにたざすれば》
白雲起峰頂《はくうんほうちょうにおこる》

庵中に静かに座って、
穏やかな心で白雲の起こるのを見ている。
世俗から離れ、大自然と一体になって暮らす楽しみ。

禅僧の理想は、この禅語がいう〝隠遁生活〟をすることです。田舎暮らしに憧れる人が少なくないようですが、リタイア後はそれを実現する絶好の機会。自然豊かな場所で、それまで享受してきた便利さから、少し離れた暮らしをする。ゆったりとした人生の晩年になりそうです。いまから少しずつ、プランを練ってはいかがでしょう。

わが家の〝山中〟で友をもてなす

おもてなし

親しい友人の家に招かれ、心のこもった「おもてなし」を受けて、時間が経つのを忘れたという経験は、誰にでもあるのではないでしょうか。それも禅語のいう〝山中〟ですごすことです。最高に心地のよい時間ではないでしょうか。立場が変わって、友人を迎えるときは、最大限くつろいでいただける〝山中〟をわが家につくりましょう。

山中無暦日《さんちゅうれきじつなし》

山中の静寂のなかに暮らしていると、世間的な時間など忘れてしまう。自然とともに、のびやかに、穏やかに、生きている姿がそこにある。

8月6日

〝いましかない〟を肝に銘ずる

よく、こんなことをいう人がいます。「やるときにはやるんだ」。さて、そのやるときは、いつになったらやってくるのでしょう。永遠にくることはありません。やるときは、常に、いま、その瞬間しかないのです。いまを必死にやる、その瞬間に自分のすべてを投じる。それが、禅的に生きるということです。

全機現《ぜんきげん》

いま、生きているこの一瞬に、すべてがあらわれている。

8月7日

夏日清風来《かじつせいふうきたる》

暑い夏の日に涼しい風が吹きわたってくると、なんとも清々しい。
酷暑を経験しているからこそ、風を清々しいと感じられる。

必死にやるから、さわやかな風が吹く

何かをなし遂げて、達成感、満足感があり、さわやかな気分になれるのは、そのことに必死に、苦労をして取り組んだからです。やっつけ仕事であったり、適当にこなしたりしたのでは、さわやかさはやってきません。「苦あれば、楽あり」という言葉がありますが、「苦あれば、爽あり」でもあるのです。

8月8日

こだわりが、心に〝曇り〟〝陰り〟をつくる

「腹に一物」という言葉があります。心のなかに思惑やたくらみをひそませている、ということですが、そのときの心の状態は透きとおってはいませんね。〝一物〟にこだわることで、曇りや陰りができてしまう。それは、必ず、発言やふるまいにあらわれます。さわやかになんかなれっこない。腹は空っぽ、心は透明（まっさら）、がいいのです。

玲瓏八面《れいろうはちめん》

起清風《せいふうをおこす》

四方八方、すべてが透きとおって、美しく輝いているところには、清風がわき起こる。こだわりがない人は、いつもさわやかである。

不幸も、苦しみも、安心して引き受ければいい

万法帰一《ばんぽういつにきす》

この世のあらゆること、あらゆるものは、いずれ同じところ、つまり「一」に帰っていく。

8月9日

どんな人生にも紆余曲折があります。不幸や苦しみがつづく時期もあるでしょう。しかし、それらは人生折々の綾《あや》模様です。何があっても、どんな経験をしたとしても、帰っていくところはひとつ。「空（一）」という絶対真理の世界なのです。この世での幸不幸も、苦楽も、実体のない〝幻〟とするのが、禅の考え方といっていいでしょう。

8月10日

時には夏らしい暑さを全身で体感する

樹蔭納涼《じゅいんにりょうをいる》

暑い時期に、木陰で涼をとる。

冷暖房が完備されるようになって、「夕涼み」という夏らしい光景も見られなくなりました。わたしは、夏には暑さを体感することが大切なことだ、と思っています。まだ、汗が噴き出す夏の夕方、木陰に入ると、涼しさが感じられてホッとします。時には、そんなからだも心も、夏を感じるひとときをもってください。

〝頭〟に上げなければ、念は消える

人は喜怒哀楽をはじめ、さまざまな感情や思いをいだきます。そうした「念」がわくのは自然なのです。大事なのはそれを〝頭〟に上げないこと。怒りに衝き動かされて、その相手に報復しようと考える。それが、〝頭に上げる〟ことです。すると、「どう仕返ししようか？」といったはからいごとにとらわれる。放っておけば、念は消えていきます。

一念忘機《いちねんきをぼうず》

余計なはからいごとを捨てることが重要。

8月11日

8月12日

掃除で心の塵払い、心磨きをする

一《いち》掃除《そうじ》二《に》信心《しんじん》

信心をもつ人は、
まず、掃除からしっかりやる。
掃除を重んじる禅の基本的な考え方。

禅では、掃除は単にその場所を片づける、きれいにする、ということではなく、心の塵を払い、磨くものだと考えます。ですから、信心より優位に位置づけられているのです。実際、掃除をしたあとは、心が清められて、気分がすっきりするもの。気分が滅入ったときなどは掃除がいちばん。心を込めて〝払い〟〝磨き〟ましょう。

自然であれば、自由でいられる

自由でありたい。誰もがそう願っています。どうすれば縛られずに自由になれるのか？　わたしはふるまい方がカギだと思っています。自分をこんなふうな人間に見せたい、と考えると、ふるまい方もそれに合わせたものになります。自然体でなくなるのです。これが、自分で自分を窮屈にしてしまう。自然体にまさる自由なし、です。

白雲飛悠々《はくうんゆうゆうととぶ》

空に浮かぶ白雲は、風まかせで悠々自在。なにものにもとらわれず、自然体そのものである。

いい縁を結ぶと、その輪がどんどん広がっていく

8月14日

水自竹辺流出冷《みずはちくへんよりながれいでてひややかなり》
風従花裏過来香《かぜはかりよりすぎきたってかんばし》

水は竹林の下を流れてくるため、冷ややかであり、風は花々の間を通り抜けてくるため、香り豊かである。ものごとも、人も、縁にしたがって変化する。

水がどこを流れるかも、風がどこを吹き抜けるかも「縁」。仕事に恵まれるのも、いい人間関係が保てるのも、きっかけは縁だと思います。日頃の言動をよく観察して、「この人だ」と確信できる人と縁を結ぶ、お近づきになる。良縁は連鎖しますから、次々にいい縁が広がっていきます。〝この人〟の見きわめ、大切ですよ。

思いを伝え、汲みとる。それがコミュニケーションの原点

いまはLINEなどのSNSがコミュニケーションの主流になっているようです。しかし、それでほんとうの思いや気持ちが伝わるでしょうか。相手の心を汲みとれますか？表情や声のトーンは、言葉よりも、むしろ、雄弁です。顔と顔を合わせるのがコミュニケーションの原点。そこに立ち戻る必要がある、と思っています。

面授《めんじゅ》

禅の教えは、師と弟子が対面して授けられるものである。大切なことは、顔と顔を見合わせなければ伝わらない。

8月15日

緑樹と陰に生き方を学ぶ

8月16日

緑樹陰濃夏日長《りょくじゅかげこまやかにしてかじつながし》

枝いっぱいに茂った緑樹は、陽射しをさえぎり、大地に陰をつくっている。煩悩から抜け切った心境は、目の前にあらわれている。それに気づくことが大事。

緑樹がつくる陰は涼しさをもたらしますが、緑樹にははからいも、思惑もありません。それが、煩悩から離れた姿です。自分がただ一生懸命に生きていることが、どこかで誰かの役に立っている。それが、脱煩悩の境地といえるかもしれません。少しずつでいい、近づいていきたい生き方だと思います。

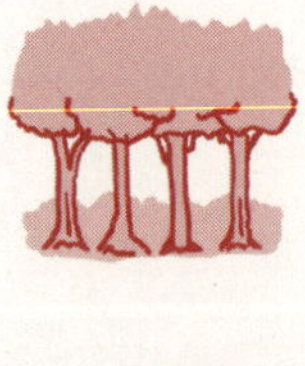

わいた感情は、消えるにまかせるのがいい

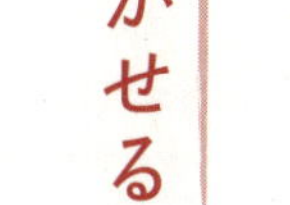

人は感情に衝《つ》き動かされます。それはいいのですが、いつまでも引きずることがあるのがやっかい。怒りも、悲しみも、喜びも、楽しさも、いっときはその感情にひたっても、そこにとどまってはいけません。水面の月のように、もと（平常心）に還ることが大切です。わくままに、消えるままに、まかせましょう。

心如水中月《こころはすいちゅうのつきのごとし》

心は水面に映る月のように、
とらえようとしても、とらえようがない。
また、水面が波立てば、かたちがくずれるが、
おさまれば、もとの姿に還る。

8月17日

8月18日

何かをいう前に、相手がどう受けとめるかを思う

言葉は励ましや慰め、癒やしになりますが、反対に傷つけたり、悲しませたりすることもあります。まさに両刃《もろは》の剣《つるぎ》。それだけに、扱いは慎重にする必要があります。言葉を発する前に、相手の立場になって、相手に心を寄せて、それがどう受けとめられるかを考えてみる。その作業が、人間関係を格段にまろやかにします。

同事《どうじ》

相手の立場に立って、
礼を尽くし、ふるまう。

なにげないことに感謝する心に、説法が聞こえる

渓《けい》声《せい》便《すなわち》是《これ》広《こう》長《ちょう》舌《ぜつ》

谷川を流れる水の音は、仏様の説法にほかならない。そう感じられるように、心の濁り、汚れをとらなければいけない。

8月19日

家族と朝食をとりながら、どこからともなく、「こうしていっしょに食事ができるのが幸せだなぁ。ありがたいことだなぁ」という思いがわき上がってくる。当たり前のことに感謝せずにはいられないそんなとき、心は澄みきっているのです。川のせせらぎも、木々の葉音も……説法と感じられる心のありようが、それです。

8月20日

たしかな信頼は、つぎつぎに広がっていく

たくさんの人から信頼されることは、人として望ましいことですし、誇らしいことでもあるでしょう。その〝もと〟はひとつだと思います。一人の人と絶対的な信頼を得るようなつき合いをする。それはつながっていきます。「彼（彼女）は信頼に足る人だよ」。信頼してくれる人のそんな声が、信頼を二人、三人、五人へと広げるのです。

一華開五葉《いっかごようをひらく》

ひとつの花が五枚の花びらを開き、やがて、結実していく。

軽やかな心が、周囲の心を開く

松花伴鶴舞《しょうかつるをともないてまう》

松の花が鶴をともなって、軽やかに天を舞う。めでたい光景。

8月21日

いにしえに、松は百年に一度、花開くといいます。その松花の花粉が軽やかに風にのって空を舞う風情には、鶴も誘われて舞いを合わせる、ということなのでしょう。心もいつも軽やかなのがいいですね。明るく、屈託がなく、とらわれのない心でいると、周囲も抵抗なく、心を開いてくれます。松花と鶴のような、ともに舞う関係が生まれそうです。

自然のなかで仏様に触れる

8月22日

流《りゅう》水《すい》寒《かん》山《ざん》路《のみち》
深《しん》雲《うん》古《こ》寺《じ》鐘《のかね》

谷川に沿った寒山への道を歩いていると、雲の彼方から、古刹の鐘の音が聞こえてくる。川のせせらぎも、深くたちこめた雲も、鐘の音も、すべて仏様のお声であり、お姿である。

禅語が表現しているのは、巧まざる自然の情景そのものです。そこに身を置いていると、仏様にいだかれているかのような感覚になる、という教えなのです。自然の静寂をたたえているのが禅寺です。そこに立って、しばしの時をすごす。心身を静寂に預けてしまう、おまかせしてしまうと、きっと、近い感覚になれます。

刺激を遠ざけ、平穏な心になる

無事是吉祥《ぶじこれきちじょう》

何ごともないことは、何よりもめでたいこと、尊いことである。

8月23日

ネット社会のいま、人は常に刺激にさらされつづけています。典型的なのが〝ものの情報〟。刺激を受けるから、「あれが欲しい」「これをしたい」ということになる。心が騒ぐのです。情報から離れて、刺激を受けないのが、いちばん平穏な心でいられるときです。パソコンやスマホを脇に置いて、刺激をシャットアウトする時間も必要です。

〝精進料理の日〟をつくって、長く健康を維持する

8月24日

寿《じゅ》山《ざん》万《ばん》丈《じょう》高《たかし》

長寿（寿山）は、何にも増してめでたい。

健康長寿の基盤になるのは、やはり、食事でしょう。禅の修行中の食事が精進料理であることは、ご存じの方も少なくないと思いますが、おなかにやさしい精進料理はすぐれた〝健康食〟ともいえます。週に一度くらいは、精進料理の日をつくる。主食もごはんではなく、お粥にすると、健康効果はさらに増します。

和やかな人間関係が、豊かな人生に通じる

人間関係を波風を立てずに、円滑に保っていく秘訣は、なんといっても「自我」を前面に出さないことです。「自分が、自分が」という言動を慎み、立てるべきときは相手を立てる。すると、人間関係は和やかなものになります。それが、人生を豊かにします。人生に彩りを添えてくれるのは、潤いあるものにしてくれるのは、「人」なのです。

和気兆豊年《わきほうねんをきざす》

和やかな人間関係を保っていれば、おのずと実りの多い人生になる。

8月25日

8月26日

心に感謝を灯すと、静かな眠りがやってくる

修行生活でもしていないかぎり、世俗を断つことは難しいと思います。そこで、提案ですが、夜寝る前に、その日「ありがたいなぁ」と感じたことをひとつ思い浮かべるというのはいかがでしょう。感謝の思いが灯った心は、とても穏やかなものになります。静かに眠るためには最適な心です。就寝前に「一日一感謝」。習慣にしましょう。

閑《かん》眠《みん》高《こう》臥《が》

世俗を断ち、
心に何の憂いもなく静かに眠る。

ついしてしまう〃悪〃を減らしていく

諸《しょ》悪《あく》莫《まく》作《さ》
衆《しゅ》善《ぜん》奉《ぶ》行《ぎょう》

もろもろの悪をなすことなく、
善をなせ、
という仏教の根本的な教え。

ここでいう悪とは、心をくもらせることと、とらえたらいいと思います。他人を羨んだり、妬んだり、愚痴をいったり、相手によって言動を変えたり……。どれもが、つい、してしまいがちなことでしょう。思い当たるという人も少なくないのではありませんか？　それをできるだけ減らしていく。くもりを拭きとる作業です。

言葉がいらない関係は素敵

8月28日

いまふうにいえば、「アイコンタクト」ということになるかもしれませんが、目と目を見交わすだけで、自分がいいたいことが相手に伝わる、ということはあるものです。それは、言葉によるコミュニケーションを超えた心の交流といういい方ができるでしょう。配偶者でも、恋人でも、友人でも、そんな相手がいたら、人生は素敵です。

拈華微笑《ねんげみしょう》

真理や仏教の教えは、言葉ではなく、
心から心にしか、伝わらない。
阿吽《あうん》の呼吸。

人生経験を積むほどに、心を開いておく

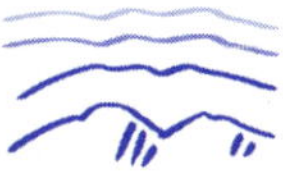

人生経験を積んでくると、自分のなかに生き方の芯ができてきます。もちろん、それは大事なことですが、マイナス面もある気がするのです。考え方や発想が柔軟さを失う、というのがそれ。心の門戸を広く開けておくことです。聞く耳をもつのもそのひとつでしょう。心を開くと、考え方、発想が、やわらかく、しなやかになります。

白雲無尽時《はくうんつきるときなし》

白雲は次から次へとわき出して、
尽きることがない。
人の考え方も、発想も、
そのようなものでありたい。

8月29日

8月30日

努力、精進は、〝小さく〟〝コツコツ〟〝とどまらず〟

流水無間断《りゅうすいかんだんなし》

流れる水は途切れることなく、
流れつづけている。
努力、精進をとどめてはいけない。

一気呵成《いっきかせい》に仕事を仕上げ、そのあとはしばし休息。そんなことがあってもいいのですが、基本のスタイルは、努力、精進をしつづけていくことにおくべきでしょう。無理なダイエットにはリバウンドがともなうように、気力、体力、能力も、酷使すると反動があるものです。長い人生、努力、精進は、〝小さく〟〝コツコツ〟がいいのです。

雨の日は雨を楽しみ、晴れの日は晴れを楽しむ

昨日雨今日晴《さくじつはあめこんにちははれ》

雨の日も、晴れの日も、自然がそのままあらわれているだけ。いい（好ましい）、悪い（好ましくない）……の判断から離れて、楽しめばいい。

8月31日

夕立が降りだしたとき、「あ〜あ、降ってきちゃった」。そう顔をしかめるのはやめませんか？　たとえば、気に入った傘を一本買う、レインシューズをおしゃれなものにする、といったことで、雨降りが違った印象になります。傘やシューズが〝使いどころ〟を得るのです。雨中を歩くのが楽しくなるに違いありません。

その日の気づき、思い、を大切にしていく

昨日今日不同《さくじつこんにちとおなじからず》

昨日と今日は同じではない。
昨日の自分より、少し成長した、
今日の自分になる。

毎日が同じ日のように感じられるかもしれません。そう感じていると、一日が惰性に流れやすくなります。同じ日など、一日としてないのです。たとえ、小さなものであっても、その日にしかない気づきが、昨日とは違う思いが、あるはずです。それらを大切にしていく。成長するとは、そういうことだと思っています。

宵のひとときに、初秋を感じる

秋来草有声《あききたりてくさにこえあり》

秋になると、どこからともなく、草陰の虫の声が聞こえてくる。
耳を澄ませ、心を澄ませて、秋の到来を感じる。

9月2日

まだ夏を引きずっている九月でも、あたりに秋の気配が漂ってきます。それをいち早くキャッチするのは聴覚かもしれません。十分に涼しさが感じられる宵は、テレビなど部屋の音を消して、耳に神経を集中させましょう。聞こえてくる虫の声は、耳に、心に、あますところなく、初秋を届けてくれます。

9月3日

本分をまっとうする姿が、清々しく、美しい

一声杜宇孤雲上《いっせいのとうこううんのうえ》

ホトトギス（杜宇）が雲の浮かぶ空の上で鳴いた。本分をひたすらまっとうする姿。

秋はスポーツの季節。勝利をめざしてプレーする選手たちの姿は、清々しく、感動を誘います。その理由は、ひたすら試合に打ち込んでいることにあるのです。いいプレーを見せようなどという思いは微塵もなく、ただ、やるべきこと、できることをやっている。本分をまっとうしているのです。

自分を隠さずに、素直な気持ちで向き合う

明歴々露堂々《めいれきれきろどうどう》

明らかにはっきりあらわれていて、隠すところが少しもない。

9月4日

気が弱いことや内気であることにコンプレックスを感じている人もいるでしょう。そこで、強がってみたり、開放的に見せたりする。いつか、つらくなります。いいではないですか、気の弱い自分、内気な自分で、人と接していったら……。隠さない自分が、いちばんラクで居心地がいいし、それが誠意ある人との向き合い方です。

一粒のお米にこもる、たくさんの〝おかげさま〟

9月5日

一粒粟中蔵世界《いちりゅうぞくちゅうにせかいをぞうす》

小さな粟《あわ》の一粒のなかに、
すべての世界がおさまっている。
どんなものも粗末にしてはいけない。

小さなもののたとえとして、昔は粟という字が使われていました。いまならお米。食事で口にする一粒のお米には、それを育て収穫してくれた農家の人、流通させてくれた人、販売店の人、そして、炊いてくれた人など、たくさんの人の手がかかっています。ありがたい一粒、尊い一粒です。一粒たりとも、粗末になんかできませんね。

弱さを認めることが、心のメタボ解消の第一歩

吾心似秋月《わがこころはしゅうげつににたり》

自分の心は、
秋の清らかな月のようで、
欠けているところが、何ひとつない。

9月6日

欠点をとても気にする人がいます。「なんで、生まれつきこう、ひがみっぽいのだろう?」。生まれつきひがみっぽい心などありません。心の本質は〝仏性《ぶっしょう》〟ですから、清らかで、美しいのです。ひがみっぽさは、ちょっとした塵や埃がついているだけ。その自分を嘆くのではなく、認めるところから、塵、埃の払拭が始まります。

9月7日

〝お天道様〟がくださる「ご褒美」

世の中のため、人のために、尽くすことは、すばらしいことです。それも、誰にも知られずにする陰徳《いんとく》がいい。被災地に匿名で寄付をする、誰も見ていないところでゴミを拾う、会議の前に一人先に行ってテーブルを拭いておく……。そんな行いは〝お天道様〟が見ておられて、必ず、「ご褒美」をくださいます。

陰徳有者《いんとくあるものは》
必陽報有《かならずようほうあり》

人知れず、陰ひなたなく、徳（よい行い）を積んでいる人には、必ず、すばらしい報い（よいこと）がやってくる。

命への感謝が、動かない心の土台になる

風吹不動天辺月《かぜふけどもどうぜずてんぺんのつき》

どんなに風が吹いても、天辺の月は微動だにしない。何ごとにも動じない堅固な心。

禅僧はものに動じない。そんなイメージがあるようです。動かない心を培ってくれるのは、厳しい修行でしょう。それをなんとかくぐり抜けると、自信めいたものがつきます。「命あること、命があるだけで、ありがたい」。これが自信の中身です。命に感謝しましょう。すると、動じない心の土台ができます。

9月8日

秋らしさと長寿を祝う「菊の花」を食す

9月9日

重陽の節句は、別名「菊の節句」とも呼ばれ、中国では酒やお茶に黄色い菊の花を浮かべました。日本では菊の花を酢の物に使ったりします。菊には悪霊、悪鬼を追い払う作用があるとされています。菊はまた、秋を代表する花でもありますし、季節を食事にとり入れるという意味でも、菊の花を素材にした一品を、食卓に並べましょう。

重陽宮廷菊《ちょうようきゅうていのきく》

五節句のひとつ、「重陽の節句（九月九日）」には、酒杯に菊の花を浮かべて飲み、長寿を祈念する。

心の仏様に気づき、信じて生きる

「本来の心が仏だなんて、考えたこともなかった」。そんな人が多いのだと思います。そうであれば、いまそのことに気づき、それを信じていけばいいのです。人生は、あれかこれかを、選ぶことの連続でもあります。岐路に立ったとき、心の芯に仏様がおられるという確信が、迷いのない選択、正しい選択に導いてくれるはずです。

誰家無明月清風《たがいえにかめいげつせいふうなからん》

明月の光や清らかな風は、
貧富や地位、学問のあるなしなどにかかわらず、
誰の家にもやってくる。
心は誰もが仏である。

9月10日

9月11日

まかせることで、心が自由になる

自分の思いどおりにならないことに、心がとらわれることはありませんか？　たとえば、営業をやりたいのに、総務に配属されたといったケース。そこで、「なんで営業をやらせてくれないのか」と思い悩んでも、これは、どうにもなりません。だったら、その事実を呑み込んで、流れにまかせることです。すると、気持ちが軽くなり、自由になります。

雲出本無心《くもいずるはもとよりむしん》

わいてきた雲は、何の抵抗もなく、風まかせで、悠然としている。まったく自由な心。

思いやりの〝差〟が心に影をつくる

秋沈万水家々月《あきはばんすいにしずむかかのつき》

秋になると、いたるところの水面に、
明月が清らかに映り輝く。
誰もが仏様の慈悲に、等しく照らされている。

9月12日

仏様の慈悲とは、わたしたちの言葉でいえば、人に対する思いやりでしょう。どんな人に対しても、変わらぬ思いやりの心で接しているでしょうか。好き嫌い、老若、美醜、貧富……といったもので、差をつけたりしていませんか？　もし、そんなことがあったら、本来、自分の内にある仏様の心に、みずから影をつくっているに等しいのです。

9月13日

中秋の名月に、心やさしくなる

月知明月秋《つきはめいげつのあきをしり》
花知一様春《はなはいちようのはるをしる》

秋になると月は明月を楽しませてくれ、
春には咲き乱れる花が楽しみを与えてくれる。
自然の営みに感動する。

「お月見」は日本人にとって馴染みの深い年中行事でした。しかし、いまはメディアでも必ず報じられる春の「お花見」に比べ、月見をする機会が減っているのではないでしょうか。ススキとお団子を飾って、中秋の名月を愛でる。やわらかい月明かりに照らされ、涼風に触れる時間は、感動的で、心もやわらかく、やさしくしてくれます。

時には掃除に集中して煩悩を消す

万里無片雲《ばんりへんうんなし》

見渡すかぎり、雲ひとつなく、
空が澄みきっている。
煩悩が一掃された透徹した心の境地。

9月14日

禅の修行道場では、塵ひとつない廊下を、冬でも汗が噴き出すほど、勢いよく力を込めて、毎朝、磨きあげます。一心に集中しきっているあいだは、煩悩（余計な思い）が心に入り込む余地はありません。仕事や人間関係で、モヤモヤした思いがたまったときは、〝必死の雑巾がけ＝掃除〟が、おすすめです。

9月15日

相手が自分を、自分が相手を、引き上げる関係

清風払明月《せいふうめいげつをはらい》 明月払清風《めいげつせいふうをはらう》

澄みきった秋の夜空に月は明るく輝き、
清らかな風が静かに吹きわたる。
明月と清風が一体となった美しい秋の情景。

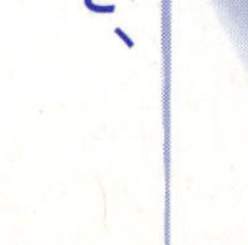

この禅語で思い出されるのは、「V9時代」の読売巨人軍を牽引した、長嶋茂雄・王貞治両選手のことです。まったくタイプの違う二人でしたが、おたがいが切磋琢磨し合うなかで、どちらも自分の能力を向上させ、すごいパフォーマンスを見せてくれました。OなくばNなし、NなくばOなし。そんな相手をもちたいものです。

晩節こそ、清風の心で生きる

清風万里秋《せいふうばんりのあき》

どこまでも広がる平原に、
清らかな秋の風が吹いている。
とらわれなければ、心のなかを清風が吹き抜ける。

9月16日

晩節を汚す、という言葉があります。いつまでも地位や肩書きにとらわれて、恋々としている、といった図は、その典型でしょう。その人の器量が問われるのが引き際です。お荷物にならないうちに、まだ、惜しまれているあいだに、みずから潔く身を退く。人生の仕舞い支度にとりかかる晩節は、かく清々しくありたいものです。

個性が溶け合って一枚岩になる

9月17日

絶妙なチームワークの集団があるとします。全体としては一枚岩に見えますが、チームの一人ひとりは、それぞれ独自の個性をもっています。しかし、同じ方向、目的に向かって進んでいるため、個性がうまく溶け合って、一枚岩になっているのです。まさにラグビーの“One for all, All for one”の精神です。

銀盌盛雪《ぎんわんにゆきをもり》
明月蔵鷺《めいげつにろをかくす》

銀の器に雪が盛られ、月明かりに白鷺が潜んでいる。
同じ白で見分けがつかないようでいて、
「銀の皿」「雪」「月明かり」「白鷺」はそれぞれに違う。
また、違うようでいて、どれもが溶け込んでいる。

9月18日

江山清風月《こうざんせいふうのつき》

川と山、清風と月が相まって描き出す
美しい秋の自然の風光。
その絶対的世界に溶け込んで、
自分が存在するありがたさ。

秋の一夜、生かされていることに感謝する

遠くに山並みを望み、耳には川のせせらぎが聞こえる。月明かりを浴びていると、涼しい風が肌に心地よい。山あいの宿の一夜、そんなひとときにひたっていると、その自然のなかに溶け込んでいく自分を感じます。そして、自然とともに生かしていただいていることに感謝の思いがわくのです。この秋、ぜひ、体験しませんか？

楽しむ心が、悠々自適な世界を広げる

9月19日

臥月眠雲悠然《つきにふしくもにねむってゆうぜんたり》

月を枕にし、雲を布団にして、眠る。
悠々自適な世界。

老後は悠々自適な生活を送る。人生晩年の理想でしょう。そんな暮らしは、経済的に余裕がなければできない、と考えている人が少なくないのではないでしょうか。そうではありません。生活している範囲で、自分が夢中になれることを見つけ、心からそれを楽しむ。そこに広がっているのが、理想の世界です。

五感全開で真理に気づく

9月20日

山雲海月《さんうんかいげつ》

山にかかる雲も、海に浮かぶ月も、あるがままの姿があらわれたもの。絶対的真理が現前している。

雑念があると、あらわれている真理に気づくことができません。雑念をもたらすのがスマホ。歩いているときはせめて、スマホを手放し、空や空気、風、周囲の景色を、五感を全開にして感じましょう。「おもしろいかたちの雲だなぁ」「風が涼しくなっているぞ」……。そんな体感が、まさに、真理に気づくことなのです。

9月21日

人間関係も、仕事も、本音が武器になる

人間関係で、相手との距離が縮まった、と感じるのはどんなときでしょう。相手が本音をのぞかせたときも、それにあたるでしょうか。それは、関係が深まる契機に、つまり、よりよい関係になるきっかけになるはず。仕事でも、本音でぶつかると道が開けます。「本音＝あからさま」です。いいこと、起こりますね。

開門福寿多《もんをひらけばふくじゅおおし》

門を開けば、福寿がもたらされる。
自分をあからさまにすれば、
よいことがたくさんある。

誰にでも仏様の声が聞こえる、姿が見える

禅語の境地は、やはり、悟った方のそれかもしれません。しかし、山の威容を見て、凛としたその佇まいに背筋がのびる思いがしたり、山の色の美しさに深い感銘が心いっぱいに広がる、といったことは、どんな人も経験することではないでしょうか。それも、仏様の声、姿に触れている瞬間だ、とわたしは思っています。

山色豈非清浄身《さんしきあにしょうじょうしんにあらざらんや》

聳《そび》える山々も、
そのまま仏の説法であり、
仏の姿である。

9月22日

9月23日

明日が必ずくるとはかぎらない

懈怠比丘《けたいのびくは》
不期明日《みょうにちをきせず》

怠け者の僧は、明日どうするかなどわからない。
未来に期待することなく、
いま（今日）を充実させることが大事。

大切なことを先のばしにしてしまうことはありませんか？　たとえば、思いを寄せる人に胸の内を伝えるのをためらっていて、一日、また、一日がすぎてしまう。勇気を奮い起こして、「明日こそ！」と決めても、明日が確実にくるとはかぎらないのです。その前に命を落とすことだってある。大切なことこそ、〝いまやる〟が鉄則です。

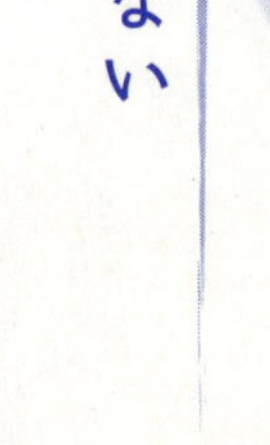

「〜しなければいけない」が心に〝枷《かせ》〟をはめる

月白風清《つきしろくかぜきよし》

悟りの境地と悟ったあとの清々しさ。世俗を離れた、とらわれのない禅者の心。

9月24日

心がとらわれる要因として、「〜しなければいけない」という気持ちがあげられると思います。「この営業ノルマをなんとしても、達成しなければいけない」という気持ちでいたら、四六時中ノルマの数値にとらわれ、心がそこから離れなくなります。「自分の精いっぱいをやる」。気持ちをそう切り替えると、〝枷〟が外れます。

9月25日

一生懸命働き、一生懸命休む

メリハリをつけることが大事だといわれます。ただし、精魂込めてやった仕事が終わったら、次の仕事は少し力をセーブして取り組む、というのがメリハリではありませんよ。仕事も全力、そして、休むときも全力。それがメリハリです。いつでも、どこでも、どんなことも〝一生懸命〟。のらりくらりはナシ、です。

臥龍不鑑止水《がりょうはしすいをかんがみず》

龍は濁ったたまり水には棲まない。
何ごとものらりくらりしていては、
結果を得ることはできない。

秋の夜長に、ものを思う

秋露滴芙蕖《しゅうろふきょにしたたる》

秋の露が蓮の葉（芙蕖）に滴る。
本格的な秋の光景。

9月26日

大きな蓮の葉に落ちた秋露が、コロコロと転がり、滴り落ちていく。目を閉じてそんな映像を思い描いてみてください。秋の静けさと、そこはかとない寂しさが、伝わってきませんか？　独りもの思いにふけるのに、秋ほどピッタリの季節はありません。少年少女だった頃の自分を思い出してみる……。そんなすごし方も夜長の一興です。

どんな苦難も仏性を思って切り抜ける

9月27日

不幸なこと、つらいこと、嫌なこと……がつづいて、捨て鉢になることがあるかもしれません。そんなときこそ、人にはあまねく仏性が宿っていることに思いをいたしましょう。仏性は、不幸にも、つらさにも、まみれることがないほど清浄で、どんな嫌なことにも負けない強さを、併せもっています。大丈夫、絶対、大丈夫！

一月在天《いちげつてんにあり》
影印衆水《かげしゅうすいにいんす》

ひとつの月が天に輝き、
その影はあらゆる水面に映り、現じている。
仏性は万人のうちに宿っている。

感動は命の共鳴、老いがどんどん遠のいていく

看花老不知《はなをみるものはおいをしらず》

美しい花を愛する人は、いつまでも老いることを知らない。

9月28日

年をとると、感動することが少なくなるといわれます。逆にいえば、いつも心ときめいたり、感動したりする人は、老いていかないのです。花を見て、「美しいなぁ」と心が揺さぶられるのは、その瞬間に力いっぱい咲いている花の命に、自分の命が共鳴しているからです。共鳴する命がみずみずしいものであることは、いうまでもありません。

ひとつに集中すれば、時間に追われることがない

9月29日

閑々人間《かんかんたるにんげん》 万事是道《ばんじこれどう》

無為無策の人は、道理に叶った生き方ができる。

無為無策といっても、ただ、ぼんやりしているのとは違います。わかりやすくいえば、時間に追われていない、ということだと思います。ポイントは〝一事集中〟、ひとつのことに集中すること。一度にいくつものことを思ったら、時間に追われます。そして、追われるから、惑わされる、道理を見失う、ことにもなるのです。

小さなことの〝継続の力〟を信じる

　家族のコミュニケーションがうまくとれない。そんなとき、立て直しのために有効なのは、家族そろって話し合いをすることではなく、朝、顔を合わせたら、「おはよう」と声をかけつづけることです。最初は誰からも挨拶が返ってこなくても、やがて、家族が挨拶し合うようになります。声かけという小事が、家族関係を修復します。

一灯照一隅《いっとういちぐうをてらす》

隅っこを照らすかすかな光が、
やがて大きな光となって広がっていく。
小事を疎かにしないことが、大事の成就につながる。

9月30日

苦楽を共にできる友は、人生の宝物

10月1日

苦楽を分けるのは「友人の存在」かもしれません。苦しく貧しい暮らしをしていても、心の底から親しくつき合える友がいれば、そこに楽しさを見い出すことができますし、裕福で楽な生活を送っていても、一人の友人もいなければ、日々はわびしく、苦痛も感じるに違いありません。やはり、友人は人生、なによりの宝ですね。

苦中楽楽中苦《くちゅうらくありらくちゅうくあり》

苦しさのなかにも楽しさはあり、
楽しさのなかにも苦しさはある。

大きな変化は、小さな一歩から始まる

一粒万々倍
（いちりゅうまんまんばい）

一粒のお茶のタネが、丹精込めて育てることによって、何万倍にも増えていく。

10月2日

自分が属している組織の空気が悪い。なんとかしたいと思ったら、一歩を踏み出すことです。たとえば、何かしてくれた相手、サポートしてくれた相手に、必ず、「ありがとう」という。その"一粒"が広がって、あちらこちらで「ありがとう」の声があがるようになったら、組織の空気は一変。あたたかく風通しのよいものになります。

ありがとう ありがとう ありがとう ありがとう ありがとう

10月3日

仕事のつき合いは、あっさり、さわやか、がいい

淡交《たんこう》

淡々とあっさり、
水のようにさわやかに交際する。

これは君子の交わりのあるべき姿をあらわしたものですが、仕事上の人間関係の心得ともとれそうです。おたがいに相手に対する信頼感をもつことは、仕事をするうえでの前提ですが、あまり立ち入りすぎるのはどうでしょう。公私混同にもつながりかねませんし、〝馴れ合い〟は不祥事の温床でもあります。あっさり、さわやか、がいいですね。

10月4日

只管打坐《しかんたざ》

ただ、ひたすら座る。
座ることに徹する。
曹洞宗の坐禅の究極の姿。

〝ただ何事かをする〟ことの難しさを知る

「なんだ、ただ、座ればいいのか」と感じた人がいるかもしれません。

では、あなたは、ただ、仕事をしていますか？　成果のこと、収入のこと、あるいは、その仕事が出世に結びつくかどうか、といったことはいっさい考えないでしょうか。そう、「ただ」は難しいのです。そして、難しさを認識することが、〝無心に何事かをする〟自分への入口です。

10月5日

削ぎ落とし、削ぎ落とす、そこに清々しさがある

真観清浄観《しんかんしょうじょうのかん》

ほんとうの悟りとは、何かを摑みとった状態ではない。
余計なものを削ぎ落としたときに、
おのずとあらわれてくる、清々しい境地である。

禅の考え方の基本は「引き算」です。物であれば、できるかぎり、手放し、削ぎ落とし、捨てていく。それでも残るものを、必要だとするのです。思いも同じです。心に入ってくる思いを、とどめることなく、消えるにまかせる。そうすることで、周囲の環境も、心のありようも、シンプルで、清々しいものになるのです。

自分を奮い立たせれば、失敗が生きる

命をかえりみずに何かをすることは、現実にはないと思いますが、ギリギリの挑戦心を発揮する場面はあるのではないでしょうか。たとえば、自分の能力を超える仕事のオファーには、保身を考えるなら、断るのが正解かもしれません。しかし、あえて挑戦する。結果が失敗に終わっても、自分を奮い立たせた経験は、のちに必ず、生きます。

虎口裏横身《ここうりにみをよこたう》

あえて危険を冒し、命をかえりみずに身を投げ出して、ものごとに挑戦する。

10月6日

10月7日

周囲に目を配る。それがあるべき姿勢

上求菩提《じょうぐぼだい》
下化衆生《げけしゅじょう》

上に向かっては、仏に近づこうと、
常に修行をつづけ、人びとに対しては、
仏の教えを説き、ともに彼岸に行こうとつとめる。

自己研鑽を怠ることなく、自分のスキルを高め、知識、知恵の幅を広げていくことは必要です。しかし、そのいっぽうで、後輩、後進に、自分が得たものを伝え、引き上げていくこともしなければいけない。そうこの禅語はいっています。自分の成長に目を奪われ、部下の教育を蔑《ないがし》ろにする。そんな姿勢は戒めましょう。

10月8日

横身臥白雲《みをよこたえてはくうんにふす》

白い雲に包まれて身を横たえる。いっさいのこだわりから離れた、自由無碍《むげ》の境地。

時にはスマホを手放し、情報を遮断する

この時代のこだわりの〝もと〟は、スマホではないでしょうか。グルメ、ファッション、アミューズメント、トラベル……。あらゆるジャンルの情報がスマホから入手できます。そこで心が動かされ、「食べたい」「したい」という欲求やこだわりが生まれるのです。〝スマホ・デトックス〟を提案します。スマホに触らない一日をつくりましょう。

10月9日

真の道場は、日常のその場にしかない

立ち居ふるまいが〝がさつ〟だから、「作法教室」にでも通おうか。そう考える人がいるかもしれませんが、ちょっと待ってください。美しい立ち居ふるまいを身につけたいなら、ドアの開け閉めから箸の上げ下ろしまで、身のまわりの仕草をていねいに心を込めて行うしかないのです。教室や道場は、日常のその場所です。

坐水月道場《すいげつどうじょうにざし》
修空華萬行《くうげまんぎょうをしゅうす》

水に映る月も、空を舞う幻の花も、実体がなく「空《くう》」である。同様に、悟りも、迷いも、修行も、また、空であって、特別なものなどない。日常の身のまわりのことを、心を込めて、ていねいにやる以外にない。

たった一人、大自然にいだかれる

脱文明、自然への回帰のすすめです。いまなら、「一人キャンプ」などはいかがでしょう。キャンプ道具といちばんお気に入りの文庫本でも携えて出かける。満天の星と月明かり、焚き火の炎のもとで、文庫本のページをめくり、眠気に誘われるまま横になる。命がリフレッシュされ、心が解き放たれていく、至福の時間です。

臥月詠花眠雲《つきにふしはなをえいじくもにねむる》

大自然のなか、月の光を浴びて横たわり、
花を眺めながら歌を詠み、
森の雲（霧）をまとって眠る。
花鳥風月とともに暮らす豊かさ。

10月10日

10月11日

信念があれば、立場を超えて行動する

相手に尻込みする。組織の改革案を考えたものの、それを組織の長である上司に進言する、といった場面がそんなときでしょうか。しかし、改革案が組織をよくするという信念があったら、上司（大物）対部下（小物）ということなど気にせず、ぶつかっていったらいいのです。「すばらしい。いいじゃないか！」の可能性、断然、ありです。

小魚呑大魚《しょうぎょたいぎょをのむ》

小さな魚が大きな魚を呑み込むことなど、
実際にはあり得ない。
禅は、二元論的な見方を廃す。
自由な発想、行動が、そこにある。

10月12日

掬水月在手《みずをきくすればつきてにあり》

水を手で掬《すく》えば、月はその水に映る。
世の中の真理は、自分のなかにある。

自分に問いかけると、気づきに出合える

真理は誰かに教えてもらうものではありません。自分のなかにあるのですから、それに気づけばいいのです。そのためには、行動する前に〝自問〟するのもひとつの方法。この行動に打算はないか？　人のためになる行動か？　自分の心を偽った行動では？……。自問は気づきに導いてくれます。たくさん、たくさん、気づいてください。

10月13日

揺るがない心の支柱を持つことに意味がある

如是《にょぜ》

かくのごとし。そのとおり。

経文の最初には「如是我聞」、かくのごとくわたしは聞いた、という文言が書かれています。もちろん、お釈迦様から聞いたということです。だから、経文は信じるに足る、伝えていくべきものだ、という意味合いがこの表現には含まれています。自分の生き方は、かくのごとしである、といえる心の支柱を持ちたいものです。

〝恵み〟のつくり手に心を寄せる

味覚の秋には、豊かな旬の食材に舌鼓を打つことも少なくないでしょう。しかし、台風をはじめ、自然災害にしばしばみまわれる日本ですから、そのつくり手のご苦労には、はかり知れないものがあるのだと思います。そのことに心を寄せながら、新米を味わう。瑞穂《みずほ》の国の民として、忘れてはいけないことだと思っています。

五穀熟万民安《ごこくうれてばんみんあんず》

五穀が実って、人びとは安心して暮らせる。
自然の恵みと安寧な暮らしは一体である。

10月14日

揺るぎのない心には、しなやかな復元力がある

10月15日

不動心というと、どっしりと根を下ろした大樹のようなイメージをもつかもしれませんが、そうではないのです。大樹もひどい強風が吹けば、耐えきれず、折れてしまいます。しかし、竹はどんな風にもしなやかに撓《たわ》み、止めばもとに戻ります。煩悩が兆すことがあっても、すみやかに、平穏な心に戻る。それが不動心です。

不《ふ》動《どう》心《しん》

妄想や執着などの煩悩に惑わされず、動揺しない心。

あるがままに動き、あるがままに静まる

竹影掃秋月《ちくえいしゅうげつをはらう》

月明かりがつくる竹の影が、風に揺れて、何度も月を払うが、月が動くことはない。月も無心、竹影も、また無心。

揺れる竹の影と不動の月がつくりだす秋の夜の一幅の情景。動と静のみごとな調和がそこにあるように思われます。しかし、影も月も無心、何ごとかを成そうという目論見などまったくないのです。どちらも自然（あるがまま）にまかせきっています。行動するのも、静観するのも、あるがままがいい。そんな学びがある禅語です。

10月16日

10月17日

返事ひとつから、正していく

「襟を正す」という言葉があります。それまでの態度をあらため、気を引き締めることですが、態度に問題があったから、気がゆるんでいたから、そうするのではなく、ふるまいや気持ちのもち方は、常にそうであるよう、心を配っていく、とするのが禅です。名前を呼ばれて、「ふぁ～い」なんて、気の抜けた返事をしていませんか?

威《い》儀《ぎ》即《そく》仏《ぶっ》法《ぽう》

日常の立ち居ふるまい（威儀）を正すことが、そのまま仏法を行ずることである。

物への執着が満たされる自由か、心の自由か

放下庵中放下人《ほうげあんちゅうほうげのひと》

ボロボロのうらびれた庵に、世間のこだわりを捨てきった人が、暮らしている。最高に自由な生き方。

10月18日

裕福で何でも欲しいものが〝自由〟に買える、という自由さがあります。そのいっぽうで、住むところにも、着るものにも、持ち物にも、まったくこだわらず、恬淡《てんたん》として生きている自由もある。前者は、物への執着が（自由に）満たされるというだけ。後者は、心がまるごと自由です。どちらが真の自由か。いうまでもないでしょう。

どう老いていくかを心しておく

10月19日

岩松無心風来吟《がんしょうむしんかぜきたってぎんず》

岩に生えた老松が、風に吹かれて、無心に音を鳴らしている。老僧の枯高《ここう》の境地。

寿命が延びて、どんな老境を送るかが、課題となっています。「枯高」は、枯れ長《た》けて強い、という意味。長い人生経験を積み重ねてきたことで醸し出される、これ見よがしでない自然な威厳、とでもいったらいいでしょうか。「うちのおじいちゃん、いつもにこやかだけど、凜《りん》としていて、かっこいい」。孫のそんな評価が目標です。

10月20日

禅は日常のあらゆるところにある

行亦禅坐亦禅《ゆくもまたぜんすわるもまたぜん》
語黙動静体安然《ごもくどうじょうにたいはあんぜんたり》

立つも座るも禅。
語るも、黙すも、動くも、動かざるも、みな禅。
日常生活の一切合切が禅の修行である。

こんにちは

「生活のどこかに禅を取り入れたいのですが、何からやればよいですか？」。そんな質問を受けることがあります。答えをいえば、禅を取り入れられないことなど、日常にただのひとつもありません。朝、決まった時間にきちんと起きる、食事を味わいながらていねいにいただく、明るく、大きな声で挨拶をする……。すべて、禅の実践です。

10月21日

愛

情の深い徳を備えた人は、すぐそばにいる

仁者如寿山《じんしゃはじゅざんのごとし》

徳のある人は、
寿山のように泰然としていて、
徳が絶えることがない。

なんでも自分優先が現代人の特徴でしょうか。もちろん、自分を大切にするのは当然のことですが、その自分と同じように、人のことを慮《おもんぱか》り、人のためになることを、損得抜きでできる。それが、徳のある人、だと思います。母親が赤ちゃんに向ける、やさしいまなざしと無償の愛、そして、ふるまい。仁者の〝お手本〟でしょう。

生活を整えると、心にさわやかな風が吹く

自然豊かなところで、さわやかな秋風に吹かれると、心からわだかまりやこだわりが消えていきます。そんな秋の風を、いつも、心のなかに吹かせておく。禅の修行はそのためにある、といっても過言ではありません。修行の眼目は、同じことを、規則正しく、繰り返すことにあります。規則正しい生活を、これからのテーマにしたらいかがでしょう。

清《せい》風《ふう》拂《はらいて》無塵《ちりなし》

清らかな風が吹いて、
煩悩を払いのけてしまう。

10月22日

人としての〃筋道〃を忘れない

10月23日

時代や地域によって、人としてあるべき姿は、当然、違ったものになるでしょう。しかし、変わらないものもある。一例をあげれば、〃筋を通す〃というのもそうだと思います。二枚舌を使う、寝首を掻く、欺く、貶《おと》める……といったことは、筋が通らないことの代表格。それらには絶対に与《くみ》さないことも、道理をまっとうすることです。

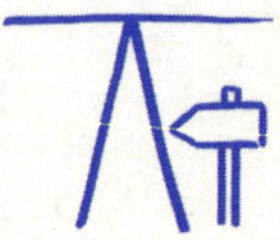

道無古今《みちにここんなし》

人として学び、究め、守るべきことに、
新しいも、古いも、ない。
道理は不変である。

欲張らず、一生懸命生きるだけでいい

これまでも繰り返しお話ししてきましたが、わたしたちは、本来、一点の曇りもない心をもって生まれているのです。しかし、成長とともに、うまく生きることを考えたり、巧みな世渡りに思いがとらわれたりする。それが曇りをつくるのです。難しいことですが、ただ、一生懸命生きる。そのことを考えていきませんか？

海月澄無影《うみにつきすんでかげなし》

海に浮かぶ月が、
影もとどめないほど、澄みきっている。
一点の曇りもない澄みわたった心の境地。

10月24日

怒りの行間を読む

10月25日

〝怒ってばかり〟の上司がいるものです。しかし、その怒りの中身は一様ではないはず。文字どおり、叱責である場合もあれば、励ましの場合もある。もしかすると、褒めていることだってあるかもしれません。それを見きわめる目が必要です。行間を読む心の目ですね。そうそう、同じことが、カミナリ親父についてもいえます。

道得三十棒《いいうるもさんじゅうぼう》
道不得三十棒《いいえざるもさんじゅうぼう》

禅問答の問いに、答えても警策《きょうさく》で三十回叩き、答えなくても三十回叩く。徳山宣鑑和尚の手法（徳山三十棒）とされるもので、禅の修行の厳しさをいっている。

言葉はフィルターを通すことで、心に響くものになる

美しい調べのように、心に響く言葉は、やはり、清浄な心から発せられたそれではないでしょうか。読んだ本からの受け売りや他人の言葉をそのまま拝借するのではなく、相手を思い、状況を考え、十分自分のなかで吟味する。その行程が〝濾過装置（フィルター）〟となって、心も、言葉も浄化され、相手の心にしみ入るのです。

金風吹玉管《きんぷうぎょくかんをふく》

冷たさを孕んだ秋の風（金風）が、玉の横笛を吹き鳴らすような、清らかに澄みきった、美しい調べを奏でている。厳しく清らかな教え。

10月26日

老後資金ではなく、暮らし方に目を向ける

10月27日

嚢中三升米《のうちゅうさんしょうのこめ》
炉辺一束薪《ろへんいっそくのたきぎ》

頭陀袋《ずだぶくろ》のなかに托鉢でいただいた米三升、炉の傍にはわずかな薪があるだけで、十分である。清貧こそ、禅者のめざす生き方。良寛さんの詩の一節。

必要な老後資金の額が話題になったことがありました。しかし、資金はどんな生き方、暮らし方をするかで、大きく違ってきます。まず、やるべきことは、見込める収入の範囲内で、老後をどう生きるかを、一から検討することでしょう。清貧とはいわないまでも、〝慎ましく暮らす〟ことをベースにすれば、大丈夫、やっていけます。

10月28日

おたがいの力が合わされば、予想以上の結果を生む

一人の力はどれほど頑張っても「一」でしかありません。しかし、チームを組むと、「一＋一」が「二」ではなく、「三」にも「五」にもなることがあります。その条件は、チームの誰もが、惜しむことなく、ありったけの力を出している、ということでしょう。出し惜しめば、「二」にも届かない残念な結果になります。

明月上孤峰《めいげつこほうにのぼる》

聳《そび》え立つ峰に明月がのぼっている。
峰は峰、月は月で、
他に比べようもない（不二の）存在としてあらわれている。
その二つが重なって、みごとな、美しい世界が開ける。

10月29日

休む勇気が、人生を充実させる

坐一走七《いちにざしてしちにはしる》

七回走ったら、一回座る。
走りっ放しでは、自分を見失ってしまう。
時に座って、自分の内を見直すことが大切。

人生はよくマラソンにたとえられます。大事なのは走りつづけることです。しかし禅語では、座る（止まる）ことも必要だ、と説いています。止まって自分を見つめ直す。それが、それまでの自分の検証にもなり、そこから再び走り始めるエネルギーにもなるのです。止まる勇気、休む勇気を、ぜひ、もってください。

雨上がりの朝、秋を感じる

聴雨寒更尽《あめをきいてかんこうつき》
開門落葉多《もんをひらけばらくようおおし》

雨音を聴いているうちに、寒い夜更けが過ぎ、門を開けてみると、落ち葉が一面に敷き詰められていた。静かに暮らす醍醐味。

10月30日

秋の長雨が上がった朝、庭に出てみると、言葉にできない美しい光景が広がっていることでしょう。濡れた落ち葉のしっとりとした色合いは、心を潤し、穏やかにしてくれます。マンション暮らしなら、近くの公園や寺社の境内を散歩したらいかがでしょう。朝はその季節を感じるのに、もってこいの時間帯です。

10月31日

ひとつ見つけて、心新たにする

朝目覚めたときに、窓を開けて、外の風景を眺め、何かひとつ、前日と違っているもの、前日から変化したものを、見つけるようにしたら、いかがでしょうか。雲のかたち、樹木の葉の色合い、聞こえる鳥のさえずり、空気感、何でもいいのです。新たな発見は、心を新たに切り替える、格好のスイッチです。

ON OFF

風光日々新《ふうこうひびにあらたなり》

風光（自然の風景）は、毎日、変化しつづけている。人も、日々、新たな心で生きなければいけない。

〝当たり前〟のことが生活のリズムをよくする

無《ぶ》事《じ》大《だい》道《どう》

無事が悟りへの道である。
当たり前のことを、きちんと行うことが大事。

11月1日

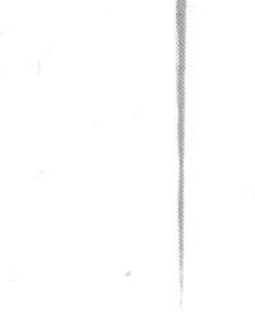

仕事中に、「あれっ、ホッチキスどこかな?」。事務用品が見当たらないことがある。使ったあと、もとの場所に戻さないからです。使ったものは、あったところに戻す。当たり前のことです。それをきちんと行えば、探す手間はなくなります。〝捜索〟で中断されることなく、集中力を維持したまま、仕事はテンポよく流れていきます。

11月2日

命への〝感謝デー〟を節目に年を重ねる

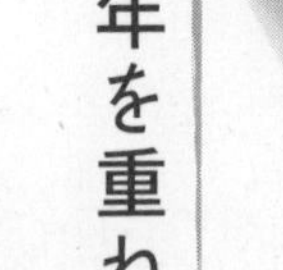

空が真っ青に澄みわたり、気持ちのよい風が吹く秋の朝。昨年と同じように、また、この季節がやってきたこと、季節の移ろいのなかで、自分が生かされていることに感謝をする時間をもったらいかがでしょう。いつでもいいですから、命に感謝する朝を秋ごとに一度設ける。そんな節目とともに、年を重ねていきましょう。

千秋万歳楽《せんしゅうばんぜいをたのしむ》

千年、万年の長寿を楽しむ。

常識はふまえるが、そこに縛られない

木鶏鳴子夜《もっけいしやになき》
芻狗吠天明《すうくてんめいにほゆ》

木彫りの鶏が深夜に鳴き、藁《わら》細工の犬が夜明けに吠える。通常は、夜明けに鳴くのは鶏で、深夜に吠えるのは犬である。常識にとらわれない。分別から自由になる。

11月3日

世の中の秩序を保つうえで、常識をふまえて行動することは大切です。しかし、発想や思考はそこから自由であっていい、とわたしは思っています。音楽はスピーカーで聴くという常識、電話は通話のツールという限定的な考え方から離れ、自由に発想しなかったら、ウォークマンも、スマートフォンも生まれなかったはずです。

11月4日

耐えて、ためるから、高みに飛躍できる

自然に四季があるように、人生にもそれがあります。霜に覆われているように感じる時期は、ひたすら苦しい忍耐の時かもしれません。くじけそうになることもあるでしょう。しかし、それは、ジャンプアップするために、からだを沈み込ませ、力をためている時でもあるのです。十分にためて、高く飛躍してください。

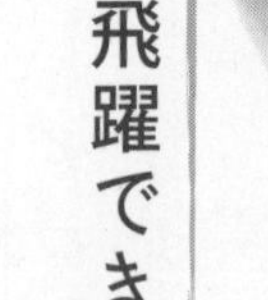

楓葉経霜紅《ふうようはしもをへてくれないなり》

楓の葉は、霜を経ていっそう鮮やかに紅葉する。苦しい時期が大成の糧になる。

悩みの最良の解決策は、自然との触れ合いにある

灯籠露柱且低声《とうろうろしゅしばらくていせい》

寺の灯籠も、丸い剝き出しの柱も、
しばらく静かにせよ。
自然から聞こえてくる説法の邪魔になる。

11月5日

悩んでいるとき、その解決策を本などに求めることがあるでしょう。それもたしかに意味があると思いますが、禅の立場からいえば、自然に触れるのがいちばんです。一日休暇でもとって、自然だけがある場所に出かけ、何をするでもなくすごす。身心ともに〝説法〟にひたることで、悩みの重石がとれ、気持ちが軽くなります。

季節を感じて、感性を磨く

11月6日

一葉落知天下秋《いちようおちててんかのあきをしる》

色づいて落ちた一枚の葉が、
秋の訪れを知らしめる。
落葉に秋がそっくりおさまっている。

通勤の道すがらにでも、落ち葉を一枚、拾いあげて、じっと見てみる。紅や黄色に染まった、たった一枚の葉にも、秋という季節が過不足なく詰まっています。それを感じてください。そんな瞬間は、ともすると、鈍くなりがちな感性を甦らせてくれるはずです。あとは、大地に戻すのもよし、ポケットに入れてもち帰るもよし、です。

経験に学んで、人としての厚みを増す

世の中には、うまい儲け話にのって大きな損失を被る、といったたぐいのことがよくあります。そんな話をもちかけられるのは、相手に心の隙を見透かされているからです。人は経験によって、成長、向上し、心に隙がなくなっていきます。どんな経験も疎《おろそ》かにせず、そこから学ぶ。その姿勢が人間としての厚みを加えるのです。

苔厚自無塵《こけあつくしておのずからちりなし》

厚く茂った苔には、塵《ちり》も入り込む余地がない。
大人物は、心に隙がない。

11月7日

11月8日

得たことを〝伝える〟が、禅の流儀

下山路是上山路《あさんのみちはこれじょうざんのみち》

山を下る道は、
そのまま登る道でもある。
何ごとも表裏一体。

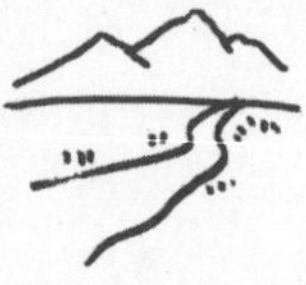

自分が努力、精進して、技術や知識を得た。それは立派なことですが、まだ道半ばなのです。自分が体得したものを伝えていく、という路程が残りの半分です。得たものを独り占めして、悦に入っているようではいけません。禅も、修行で悟りを得たら、その境地にいたる道を説いて、伝えることが大切だ、としています。

感動が心を洗う

山時雨洗紅葉《やましぐれこうようをあらう》

全山が紅葉している時期の時雨は、山並みを洗うように清めてくれる。雨上がりの山の景色は、ひときわ輝きを増す。

11月9日

時雨が去ったあとの山のように、人の心も、洗われて輝きを増します。心を洗ってくれるものといったら、わたしは、まず、〝感動〟をあげたいと思います。ちょっとした心遣いや親切、思いやり……。もちろん、自然の景色でもいい。感動のタネに出会ったら、感性をフル稼働させ、心をふるわせてください。心を洗ってください。

11月10日

美しい秋を満喫する日をつくる

日本の四季には、それぞれの美しさがありますが、山々が多彩な色に織り分けられる秋の美しさは、また、格別です。眺めているだけで、「よくぞ日本に生まれけり！」という深い感慨が、胸いっぱいに広がってくるでしょう。美しい日本の秋に、身も心もひたりきる一日を、家族で、恋人と……ぜひ、計画しましょう。

錦秋多佳日《きんしゅうかじつおおし》

山々の紅葉が錦のように美しく輝き、
澄みきった空が清々しい日がつづく秋は、
一日一日を、思いきり堪能する。

いつでも、その人の仏性を感じていく

仕事の能力も、ものごとへの対処の仕方も、人それぞれです。能力的に見劣りする、対処がのろいといった人を見下したり、軽く扱ったりするということはありませんか？　そんなとき、思い出していただきたい禅語です。その人にも、自分と同じく、仏性が宿っています。仏性を見下す、軽んじる、なんて、できませんね。

一月浮万水《いちげつばんすいにうく》

月はたったひとつであるが、
どんなところの水にも映る。
仏性はどんな人にも宿っている。

ゆだねて、人生を終える

11月12日

紅葉舞秋風《こうようしゅうふうにまう》

紅葉した葉が、
秋風に舞いながら、散っていく。

真紅に色づいた葉も、秋の深まりとともに色褪せ、朽ち、やがて、枝から離れ、風に舞いながら、大地に還っていきます。時の移ろいのままに、すべてをゆだねている姿を、そこに見ることができます。時の移ろいは、人生にも終焉をもたらします。その仕舞い支度《じたく》では、〝ゆだねる〟がキーワードになりそうな気がします。

〝同じ釜の飯〟経験で、心が深くつながる

大唐打鼓新羅舞《だいとうにつづみをうてばしんらにまう》

唐の国で鼓《つづみ》を打てば、新羅の国で舞う。
離れていても、心が通じ合い、
相手に合わせた行動がとれる。

11月13日

これも「以心伝心」の意ですが、そんな関係の土壌になるのは、「同じ釜の飯を食う」という経験かもしれません。禅僧は同じ時期に修行した仲間が、それにあたりますが、一般には体育会系クラブの合宿生活、全寮制の高校生活などがそうでしょうか。若い時代に厳しい環境下で、苦労をともにする体験は貴重なものだと思います。

11月14日

心が騒いでいると、好意がうまく受けとれない

秋月照湖上《しゅうげつこじょうをてらす》

美しい秋の月が、静かな湖面に映っている。
清らかで、穏やかな心は、
ありのままの姿を映し出す。

人の好意を素直に受けとれないことがあるものです。心から励ましてくれているのに、自分の不甲斐なさを責められているような気がしたり、やさしさを煩わしく感じたり……。心がざわついているのです。

一人になり、深く呼吸して、心を整えましょう。好意を素直にありがたいと思える。それが、静かな心、穏やかな心です。

11月15日

霜花満林都《そうかまんりんのみやこ》

白く、美しい霜が、
あたり一面花のように降った情景。
初冬の清らかさ。

自然を遊び相手にする

わたしが子どもの頃は、朝霜が降りることも珍しくなく、「サクッ、サクッ」と霜柱を踏みしめるのが、楽しい遊びでもありました。いまは、霜を知らない都会の子どもたちもいるようです。寂しい気がします。都会にいても、少し遠出をすれば、霜が降りる場所はいくらでもあります。自然を相手に遊んでみませんか？

11月16日

融《ゆう》通《ずう》無《む》碍《げ》も、無我も、根底には本分がある

みずからの人生の儚《はかな》さを、「露」に喩えたのは、豊臣秀吉でした。その露には、また、融通無碍であり、無我でもある、という側面があります。人もそのようにありたいものですが、もっと大切なことは、どのようなときも、露であるという本分を失っていないことです。確たる自分があってこその、融通無碍、無我なのです。

秋露白如玉《しゅうろしろきことたまのごとし》

葉の上に宿る秋の露は、美しい玉のようである。たなびく風によって、左右に動くさまは、自由無碍であり、葉の色によって、緑にも、赤にもなる様子は、無我の境地である。

秋をまるごと栞《しおり》にする

秋は読書の季節。落ち葉を拾って、お手製の栞をつくってみてはいかがでしょうか。つくり方はインターネットなどで詳しく説明されています。ページを開くと、そこに〝秋〟がある。活字離れがいわれて久しい昨今ですが、そんな一枚の栞が、読書の楽しみを呼び覚ましてくれそう。日記をつけている人は、日記に挟むのもいいですね。

秋随一葉来《あきいちようにしたがいてきたる》

色づいていく一枚一枚の葉に、秋がそっくりおさまっている。

11月17日

11月18日

状況変化を受け容れ合うことで、一体感が生まれる

舞秋風水石紅葉《しゅうふうまいてすいせきこうようす》

晩秋の冷気で、色づいた葉が水や石の上に散り、何もかもが、秋の装い一色になっている。葉も、水も、石も、一体となった美しい秋の情景。

舞い落ちてきた紅葉によって、水や石の景色が変わる。仕事に引き寄せると、チームに新しいメンバーが加わった状況といえるかもしれません。新メンバーには、チームに溶け込む努力が必要でしょうし、チームには新メンバーを受け容れる度量が求められます。自然はそれを苦もなくやってのけます。学ぶことが多いですね。

よいおこないは、必ず、自分に還ってくる

一例をあげましょう。病気で入院している友人に、励ましの手紙を書き送る。善行です。その後、友人からすっかり元気になった写真と、「あなたの手紙がなにより、〝がんばりの素〟になりました」という感謝の手紙が届いたら、うれしい気持ちになるでしょう。喜びをもらったと感じるはずです。善行も、情けも〝人のためならず〟です。

積善来百祥《せきぜんはひゃくしょうをきたす》

よいおこないを積み重ねると、大いなる喜びがもたらされる。
善因善果。

11月19日

状況が変わっても、やるべきことをやる

11月20日

明月和水流《めいげつみずにわしてながれる》

明月が小川の水面に映って流れている。
執着もはらかいもなく、
とどまることもない無心の姿。

流れにしたがって水面の状態は常に変化しています。月影もそれに合わせてかたちを変える。自分が置かれている状況も、さまざまに変わるでしょう。それまでの状況に執着して、変化に抗《あらが》ったら、摩擦が起きます。変化を受け容れることが大切。状況がどう変わっても、やるべきことはある。それを、淡々と、しっかり、やっていきましょう。

自分のなかの絶対的主体性を見る、それに気づく

赤肉団上《しゃくにくだんじょうに》有一無位真人《いちむいのしんじんあり》

からだ（赤肉団）のなかには、尊い仏性がある。
それを見なさい、という檄《げき》。

11月21日

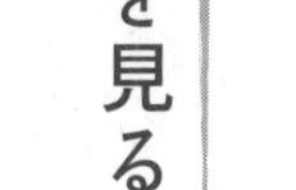

尊い仏性とは「本来の自己」です。地位も学歴も、貧富も、美醜も、老若も、男女も……人に付随している何もかも、一切合切を、取り払ったところにあるのが、「本来の自己」。世間の価値判断など通用しない、そんなものでは、はかることができない、絶対的な主体性とでもいったらいいでしょうか。それが見えたら、怖いものなしです。

さわやかさだけを〝連れて〟散策する

秋風がひんやりとした気配を孕んでくる晩秋は、散策にもってこいの時期です。都会に住んでいる人も、小一時間かけて郊外に出かけ、庭園や禅寺をめぐってみたらいかがでしょう。紅葉した葉が降り積もる道を歩き、風に吹かれて、「さわやかだなぁ」「ああ、気持ちがいい」とだけ感じればいいのです。真理とひとつになっている時間です。

体《たい》露《ろ》金《きん》風《ぷう》

どこもかしこも、秋の風（金風）が吹きわたっている。それを身心いっぱいに感じること、楽しむことが悟り。

〝たまたま〟ではなく、〝常態〟にすることが大事

人のために何かをすることの喜びを知る。それは、仏法（真理）に触れることでしょう。大事なのは、そういう自分でありつづけることです。状況によって、苦痛に感じたり、煩わしく思ったりしたのでは、せっかく仏法に触れたことが、〝たまたま〟の経験でしかなくなってしまいます。いつでも、〝喜びをもってする〟人であってください。

仏法水中月《ぶっぽうすいちゅうのつき》

仏の法（おしえ）は、水に影を落とす月のようだが、水面の月を掬おうとしても掬えないように、真の法に触れることも、また、難しい。

11月23日

11月24日

どんな場所でも、自分らしくある

水上青々碧《すいじょうせいせいたるみどり》

浮草（碧）は流れにまかせて漂っていながら、
どこにあっても青々として、
その美しさを失うことはない。

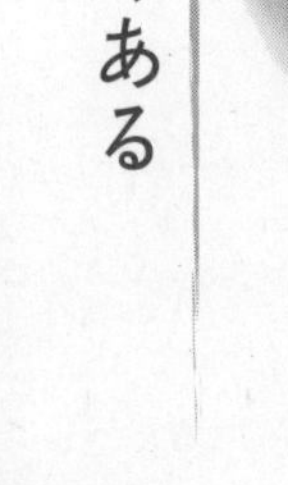

生きる環境がさまざまに変わるのが人生です。そのときどきの環境に合わせていくことは、もちろん大切ですが、どんな環境にあっても、自分らしさを「核」にして生きることは、もっと大切だと思います。らしさを失うと、環境にただ流されることにもなりかねない。第一、〝らしい自分〟以上に美しい生き方があると思いますか？

世間のものさしで生きるか、自分のものさしで生きるか

塵外楽清閑《じんがいにせいかんをたのしむ》

俗世間（塵）にまみれず、清らかな心、穏やかな心で、悠々と生きていく。世間のものさしから自由になると、心の塵が落ちて、自分の暮らしを心から楽しめる。

11月25日

世間から遠ざかって暮らすことができなくても、世間的な価値観や判断を、心から追い出すことはできます。富や名誉、地位や権勢……といったものを求めるのが、いわば、世間のものさし。それを手放すことが、追い出すこと、塵を落とすことです。すると、自分のものさしで生きることができる。自分らしい、だから、楽しい、暮らし方です。

秋の夜長は、気づきにふさわしい

11月26日

江月《こうげつ》照《てらし》松風《しょうふう》吹《ふく》
永夜《えいやの》清雪《せいせつ》

月は川面を照らし、風は松を渡って吹き、清らかな雪が降っている。この美しい世界で、仏性に気づく。

ひたひたと冬の香りが立ち始めるこの時節は、自然にあるもののすべてが清々しさをまとっています。月も風も、夜の雪も、澄んでどこまでも清らか。そんな世界に思いを馳せると、心も同調して、清らかになっていきます。純粋無垢な心は、仏性そのものです。そのことに気づくのに、秋の夜長はふさわしい。そう思います。

時代を超えて変わらないものを残す

松風伝古今《しょうふうここんにつたう》

松林を吹き抜ける風は、
いまも、昔も、変わらない。
真理は太古から現在まで、変わることがない。

11月27日

家族や子孫に何かを残していく。それは、自分が生きたことの証でもあるでしょう。「預貯金も不動産もないし……」。残すべきものは、そんなものではありません。「うちの親父、誰に対してもやさしかったなぁ。あの姿勢、見習わなくちゃ」。あるじゃないですか。やさしくあることの大切さ。それも、すばらしい〝松風〟です。

11月28日

誰だって、厳しさを引き受けている

霜葉満千林《そうようせんりんにみつ》

霜が降りた木々の葉が、林いっぱいに満ちている。晩秋の風景。

秋の霜は一本の木にだけ降りるのではなく、どの木にも平等に、林全体に降ります。人生の厳しさも、自分一人だけが味わっているのではありません。軽々と歩んでいるように見える人も、厳しさを引き受けながら、歩を進めているのです。それがわかったら、厳しい局面に立たされても、「よぉし！」という勇気がわく気がしませんか？

虫の音に季節の移ろいを聞く

虫声千葉雨《ちゅうせいせんようのあめ》

深まりゆく秋に、
虫がさまざまな草の葉先で鳴き、
まるで、雨音のように聞こえる。

11月29日

「肩させ、裾《すそ》させ、寒さがくるぞ」。昔、コオロギの鳴き声を、そんなふうに表現したものです。寒くなるから、衣類の肩や裾に針を刺して、直しておきなさい、という意味。季節の移ろいとともに生活があったことを思わせる、秀逸な言葉遊びといえるでしょう。この秋、このことを頭に置いて、虫の音《ね》を楽しんではいかがでしょう。

はからいが、ひとつになる邪魔をする

11月30日

無心帰大道《むしんだいどうにきす》

はからい心なく、作為なしに、
ものごとにあたれば、
そのことと一体（ひとつ）になることができる。

異性と食事をするとなると、少しかまえたりするものです。「かっこよくふるまわなければ」。ワインのテイスティングでも、手順のことばかりが気になって、味がロクにわからなかったり……。そんな食事が楽しいでしょうか。かまえは、はからいにつながります。取り払ったら、食事を心から楽しめる。それが、一体になるということです。

昨日は取り戻せない。一日一日を大切に積み重ねていく

一年の締めくくりである十二月ともなると、あちらこちらから「もう今年も終わりか、早かったなぁ」といった声が聞こえてきます。歳月の流れの早さを実感するのがこの時期。その流れは、一日一日が積み重ねられたもの。前日に後悔を残したとしても、その日は戻ってきません。そんな思いで、一日一日をすごしましょう。

歳月不待人《さいげつはひとをまたず》

時の流れは人を待ってくれない。一度過ぎ去ってしまった時（歳月）は、二度と戻らない。

12月1日

12月2日

年の瀬に、心を故郷で満たす

故郷今夜思千里《こきょうこんやせんりをおもう》

故郷を出て年の瀬を迎え、
千里を離れた故郷を偲ぶ。

暮れの風物詩といえば、やはり、里帰りの光景でしょう。生まれ育った土地の空気に、風景に、人とのつながりに、お国訛りに……いっそうの懐かしさを覚えるのが、一年を締めくくる時節かもしれません。さまざまな事情で里帰りができない人もいるはずです。故郷にいる大切な人にコンタクトして、心を故郷でいっぱいにしてください。

日常のなかで〝隠《いん》遁《とん》生活〟をする

閑居多幽情《かんきょゆうじょうおおし》

閑《しず》かに暮らしていると、
鳥の声、風のそよぎ、川のせせらぎ……など、
すばらしい自然が豊かに感じられる。

12月3日

自然のなかでの隠遁生活が、禅者の理想であることは、すでにお話ししました。それは無理でも、生活のなかに、その〝時間〟を取り入れる工夫はできます。たとえば、冬の夜のひととき、自然音（鳥の声、せせらぎなど）のCDを、一人静かに聴く。部屋の灯りを消し、できれば暖房も止めて、自然に包まれましょう。

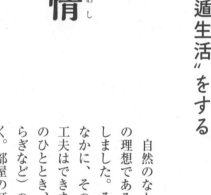

12月4日

やさしいまなざしで、自然を見直してみる

山川草木にも、さらには石や岩にも仏性があるとするのは、日本人の自然観によるものでしょう。西洋では自然は人の支配下にあると考えるのに対し、日本は自然と人は対等で、〝共生《ともいき》〟するものと考えるのです。その視点で自然を眺めると、やさしいまなざしになって、風景の味わいも、より深く、より心を打つものになりそうです。

山川草木《さんせんそうもく》悉皆成仏《ことごとくみなじょうぶつす》

この世に存在するすべてのもの、
山にも川にも、草にも木にも、
仏性が備わっている。
それらはみな成仏している。

花のように生きたら、いちばんの安心がある

花が清らかで、美しいのは、無心に咲くから。咲くというそのことだけを、命のかぎりやっているからです。見る人に「ああ、美しい」と愛《め》でられようなどとは、露ほども思っていない。周囲の評価などどうでもいいではありませんか。どんなことにも一生懸命に、真摯《しんし》に、取り組んでいく。いちばんの安心の生き方が、それです。

花和万友清《はなはばんゆうにわしてきよし》

花はすべてのものと調和して、清く、美しい。

12月5日

12月6日

鉄瓶のお湯でお茶を淹れる

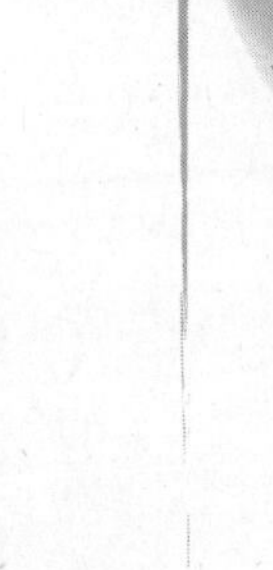

ゆったりと一杯のお茶を心ゆくまで味わう。どこまでも心穏やかになる時間です。お茶の味わいを一段と高めてくれるのが鉄瓶。骨董店などで安価なものを入手して、鉄瓶で沸かしたお湯でお茶を淹れるようにしたらいかがでしょう。香りも、風味も、舌ざわりも、まろやかな、その一杯のお茶を喫することから始める一日。いい日になりそうです。

茶煙永日香《さえんえいじつにかんばし》

茶を沸かす際に立つ香りが、戸外に流れ出て、遠くまで芳しい香りがただよっている。長閑で充実した生活。

煩悩を払うポイントは、晴ればれとして心地よいこと

洗心《せんしん》

心の塵や埃を洗い落とす。心に積もった煩悩を払う。

12月7日

煩悩を払う方法はそれぞれだと思いますが、ポイントは〝心晴ればれ、心地よさ充満〟でしょう。その感覚になれることをする。趣味やスポーツでもいいですし、家族といっしょにすごすことでも、恋人や友人、気のおけない仲間と話すことでもいいですね。もちろん、一人静かな時間をもって、心の内を見つめるのもすぐれた洗心法です。

12月8日

「何かをしなければ」がない、満ち足りた境地

終日看山又看雲《しゅうじつやまをみまたくもをみる》

終日、何をするでもなく、ただ、山や雲を見ている。煩悩を拭い去った泰然《たいぜん》自若《じじゃく》たる生き方。

「なすところなく日は暮れる」。中原中也の詩『汚れっちまった悲しみに』の最終節ですが、禅語の「何をするでもなく」は、まったく意味合いが違います。することがない、所在ないのではないのです。何もしなくても、心が満たされている。自然と一体になった自分が感じられる、ということ。そんな心もちになれるひとときをもちましょう。

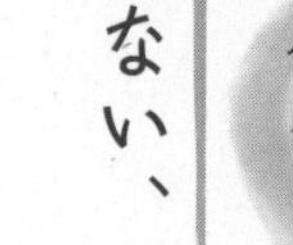

判断を時間にゆだねて、煩悩から離れる

莫使惹塵埃《じんあいをしてひかしむることなかれ》

心に塵や埃がまとわりつくことがあってはならない。
常にそのための努力が必要である。

12月9日

これは、すでに紹介した「時時勤払拭」（7月11日）と対をなす禅語です。何かを「買いたい」と思っても、すぐには買わずに、一週間、考える時間をもちましょう。時間をあければ、気持ちも冷静になって、それが、当面、〝不必要〟だ、という判断ができるはずです。つまり、物欲から離れられるのです。塵や埃がまとわりつかないための一法です。

家風の礎《いしずえ》をつくる

十《じっ》方《ぽう》一《いっ》家《か》風《ふう》

禅の宗風はいろいろあるが、もとをたどれば、達磨大師の教えに行き着く。すべてひとつの教え（家）から発したものである。

古い家柄には代々受け継がれてきた家風があるものです。これといってないなら、自分の代からつくったらいかがでしょう。「自分はこんな生き方をしてきた」「子孫にこれだけは守って生きて欲しい」といったものを書き記しておくのです。のちの代がそれを読み、受け継いでいってくれる。素敵じゃないですか。

12月11日

大自然と〝お近づき〟になる

澄声山色清《ちょうせいさんしききよし》

鳥のさえずり、風の音が澄みわたり、山の景色が清々しい。

心を慰めてくれる、癒やしてくれる、穏やかにしてくれる……。そんなはたらきかけをしてくれるものとして、自然にまさるものはありません。しかし、自然とどんどん縁遠くなっているのが現代人、とりわけ都市生活者でしょう。ここは、一念発起です。きたるべき年は、自然に身をおく機会、自然との触れ合いを増やしましょう。

煩悩を拒むのではなく、受け流す境地

12月12日

枯木倚寒岩《こぼくかんがんによる》
三冬無暖気《さんとうだんきなし》

枯木が寒風吹きすさぶ岩に立っている。冬のあいだは暖気などまったくない。修行中の禅僧は、この枯木のようなもので、煩悩に心を動かされることは一切ない。

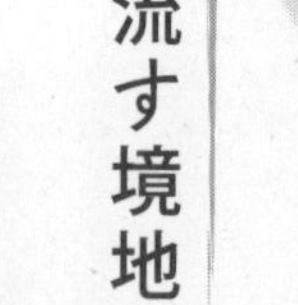

煩悩に心が動かないのは立派に思えますが、あまりにそうあろうとつとめると、窮屈になると思いませんか？　煩悩を拒絶して受け容れないのではなく、受け止めてなお、それに心がとらわれたり、動かされたりすることがない、自然体で煩悩を受け流してしまう。それが禅です。真に自由闊達な心のありようでしょう。

夕景に〃無常〃を知る

山帯夕陽紅《やまはせきようをおびてくれないなり》

山が夕日を受けて、
紅に染まっている。
美しい夕景。

12月13日

わたしは常々、夕日を眺めることをすすめています。紅から群青色に、そして、闇へと刻々と変わる空の色は、〃無常（何ものも、けっして、とどまることがないこと）〃をあますところなく、伝えてくれるからです。自然そのものである山と夕日がつくりだす、雄大で、美しい夕景は、ひとしおの感動を与えてくれるはずです。

12月14日

できることは、積み残さない

昨日少年《さくじつのしょうねん》
今日白頭《こんにちはくとう》

ついこの前まで少年だと思っていたら、
もう白髪の老人になっていた。
時のすぎるのは早く、人生にはかぎりがある。

浦島太郎の寓話ではありませんが、自分では気づかないうちに、どんどん年は積み重なっていきます。「まだまだ、先がある。時間はある」というのは、勝手な思い込みにすぎません。将来のプランを練るのはいいですが、できることはその場で実行していく。そうしないと、プランだけ残して人生を終えることにもなりかねません。

12月15日

「笑顔をひとつ増やそう」という次年への思い

今年《ことし》歓笑《かんしょう》復《また》明年《みょうねん》

今年も喜び笑って過ごしたように、きたる年も、また、そうありたいものである。

年の瀬は次の年に思いを馳せる時期でもあるでしょう。一年のあいだにはいろいろなことがあります。笑顔になれることばかりではなかったはずです。しかし、ともかくも、乗りきって無事に年の瀬を迎えている。そのことに感謝し、「来年は今年より笑顔がひとつでも増えるような生き方をしよう」と心に決める。そんな禅語です。

12月16日

努力するのに、目的も、理由も、いらない

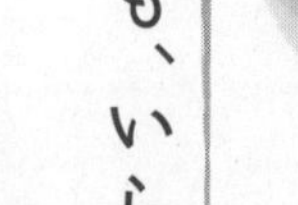

結果に結びつく努力は惜しまなくても、「これをやったら、何になるの？（何にもならないじゃないか）」ということに対しては、努力する意味がないと思いがちでしょう。しかし、あえてそうすることで、ハッと気づくことがあり、それが人生の転機になったりする。じつは、目的も理由もない努力こそが、美しいのです。

担雪填井《ゆきをになってせいをうずむ》

雪を運んでいって、井戸を埋めようとしても、
雪はとけてしまう。
しかし、こうした無駄と思える努力でも、
あえておこなうことが尊《とうと》い。

どんなときも、前を向いていれば、笑顔になれる

いつ会っても笑顔を向けてくれる人がいます。「幸せそうだなぁ。何の不安も、悩みも、ないに違いない。羨ましい！」。そう思いますか？ そうではないのです。誰にだって不安や悩み、つらさ、切なさはある。それらをしっかり引き受けたうえで、いつも前を向いてあゆんでいるのです。その力強い推進力が、笑顔の源です。

福笑門自来《ふくわらうかどにおのずからきたる》

楽しさも、喜びも、幸運も……
笑顔で和やかに生きる自分が引き寄せる。
笑う門には福きたる。

12月17日

常に"十二月の感覚"で、一年をすごす

12月18日

師も走るほどあわただしいのが十二月。時間のなさ、時間の貴重さを思い知らされる時期かもしれません。時間は貴重だという、その感覚、一年を通してもちつづけませんか？

「まだ、あと半年もあるから、これに手をつけるのは、あとでいいや」ということをやめるのです。その日の充実感……その一年の充実感が、違ってきます。

看々臘月尽《みよみよろうげつつく》

あっという間に、十二月（臘月）が終わろうとしている。人生もまたたく間に過ぎゆくものである。

12月19日

気が急《せ》いたら、脳のスイッチを切り替える

年の瀬は気持ちが急くものです。医学的にみると、そういうときは、考える脳、判断する脳が活発にはたらいているのだそうです。気持ちを落ち着かせ、心を穏やかにするには、感じる脳をはたらかせるのがいいとされています。ボーッと景色を見ている、ゆるやかで心地のよい音楽を聴いている……。一時間でも、そんな時間をもちましょう。

雲花驚歳晩《うんかとしのおそきにおどろく》

ちぎれ雲（雲花）を見て、この年も押し迫っていることに、驚かされる。

12月20日

ただ、安らかなこと、穏やかなことの幸せを知る

安《あん》閑《かん》無《ぶ》事《じ》

安らかな気持ちで、平穏にすごすとき、心はどこまでも自由である。そんな一日に無上の幸せがある。

「ああ、きょうはのんびりできた。穏やかな一日だったなぁ」。そんなふうに一日を終えたとき、どこか物足りなさを感じたりしませんか？おもしろいこと、刺激的なことがなかったからでしょう。しかし、それらは心を騒がせたり、縛ったりします。とりたてて何もない一日は、心が自由でいられる一日、幸せな一日です。

重要局面では、視界の曇りをとって、先を見る

一翳在眼《いちえいまなこにあれば》 空華乱墜《くうげらんついす》

目に曇りがあると、
幻の花が乱れ落ちるさまが見える。
煩悩がある心では、
正しくものごとを見ることができない。

12月21日

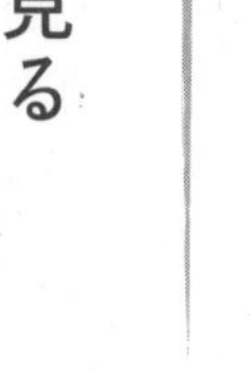

判断や決断に際しては、思いきりが必要でしょう。優柔不断はだめです。ただし、とくに重要な局面では、腰を据えて熟慮することも大切。たとえば、起業を決断する際などは、高揚感もあって、発展する絵ばかりを描きがちではないでしょうか。しかし、それは幻かもしれない。客観的な曇りのない目で、子細に先を見通しましょう。

12月22日

一歩ずつ、世俗の塵から離れる

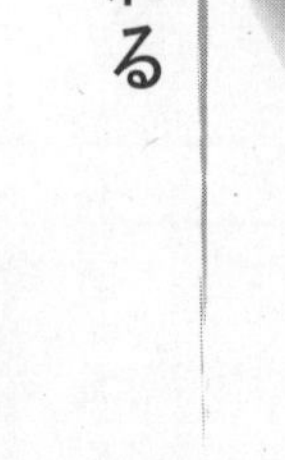

人生でもっとも大切なことは、本来の自己に出会い、その自分を生きていくこと。それが禅の根本にある考え方だといっていいでしょう。しかし、世俗に生きている以上、世俗的なことと向き合っていかなければならないのも事実。向き合いながら、少しずつ、それにとらわれない自分になっていく。焦らないでいい、その姿勢をもちつづけましょう。

天恵降真人《てんけいしんにんにふる》

天の恵み、自然の恩恵は、世俗的な肩書き、年齢、性別などを離れた、「本来の自己」を見つけた人にもたらされる。

人には十分なものが備わっている

12月23日

知足《ちそく》

足るを知る。
何ごとも満足を知れば、
心穏やかに暮らすことができる。

物もお金も、地位や肩書きも、いまの自分に備わっているもので、「十分だ。ありがたい」とするのが知足です。「自分はこんなものではない」「もっとこうなっていいはずだ」と考えるから、心の平穏が失われる。我欲や執着、妄念にとらわれるのです。〝正味の自分（いまあるがままの自分）〟を生きる。心安らかな、知足の生き方です。

12月24日

迷いも悟りも超えた、理想の「心の境地」

理想の心の境地には悟りさえない、とするのが禅です。首をかしげるかもしれませんが、悟りがあるとすれば、その対極には迷い（煩悩）があることになります。これは「悟りvs迷い」という二元論です。そこを突き抜けたのが、この禅語の風光。生まれ落ちたばかりの赤ちゃんのまっさらな心が、それにあたるかもしれません。

廓然無聖《かくねんむしょう》

カラッと晴れわたった境地には、いっさいの迷いも、煩悩もない。さらには、尊い悟りさえない。

勢いには、思わぬ落とし穴がある

勢不可使尽《いきおいつかいつくすべからず》

勢いがあるからといって、
それを使い尽くしてはいけない。
勢いがあるときこそ、慎重さが求められる。

12月25日

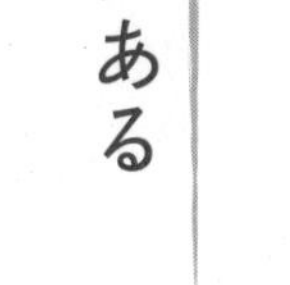

仕事でも、プライベートなことでも、〝波に乗っている〟と感じることがあるものです。「よし、このまま突っ走るぞ」。そんな気持ちにもなるでしょう。そこに落とし穴がある。独善的になりがちだというのがそれです。自省が必要です。自身を省みる、周囲の意見に耳を貸す……。そう、そう、「好《こう》事《じ》魔《ま》多《おお》し」という言葉もありますね。

12月26日

転ぶ前に手を差しのべるか、転んでから手を貸すか

小さな子どもが転びそうになったら、手を差しのべて支える親がいます。また、転んだ子どもが助けを求めて、親を見つめたら、立ち上がるのに手を貸す親もいる。さあ、どちらが啐琢同時でしょう。考え方はそれぞれであっていいのですが、転んだ痛みをみずから体験して知るのも学習である、とわたしは思っています。

啐琢同時《そったくどうじ》

卵から雛が孵化する際、雛は内側から、親鳥は外側から、同時に殻をつつくことで、雛が無事産まれる。タイミングの重要さ。

12月27日

過去に縛られず、ただ、いまの自分を生きる

破草鞋《はそうあい》

履き古して破れ、路傍に打ち捨てられた草鞋《わらじ》。悟りに驕ることなく、役にも立たず、人に見向きもされず、しかし、邪魔にもならず、平々凡々、淡々と生きる、禅僧の理想の生き方。

過去に自分があげた実績、手に入れた地位や肩書き。それらを誇らしいと感じるのは、いっこうにかまいません。しかし、みずから周囲に吹聴することではないですね。いまは〝ただの老人（破れた草鞋）〟なら、その自分を生きればいい。「えっ、あの人、そんなにすごい人だったの！　知らなかったぁ」。栄光は秘してこそ、光り輝きます。

12月28日

どんなことも「やれることは全部やる」がいい

重要な仕事に向き合ったとき、「成功させたら株が上がるに違いない」「失敗したらまずい立場になりはしないか？」などと考えるのが煩悩です。すると、その考えにとらわれてしまい、全力を出し尽くすことができません。「やれることは全部やる」。そうです。その姿勢しか、煩悩に振りまわされず、無心で、事にのぞむすべはありません。

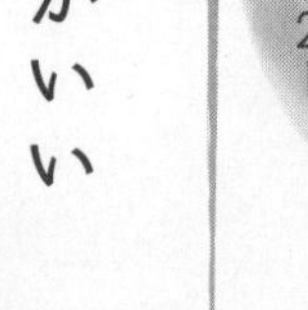

滅却心頭火自涼《しんとうをめっきゃくすればひもおのずからすずし》

煩悩（心頭）を消し去ってしまえば、何ごとにおいても、心がとらわれたり、振りまわされたりすることがない。

耐える姿が、高潔さをまとう

雲掃長空巣月鶴《くもちょうくうをはらってつきにすくうつる》
寒清入骨不成眠《かんせいほねにいってねむりならず》

厳寒の夜、空に一点の雲もなく、
月光が冴えわたる。
巣の鶴は、寒さで骨の髄まで凍てついて、
眠ることができない。

12月29日

眠らないまま、凛として厳しい寒さを耐える鶴の姿は、高潔さを象徴しています。人の品性は、苦境にあるときに、もっともよくあらわれるといいます。人生には、耐えるしかない状況もあるのです。そこで、歯を食いしばってでも、耐えきってみせる。その姿に高潔さを見ない人はいません。和らがない寒さも、明けない夜もないのです。

12月30日

ありがたい

〝感謝の心〟に導かれて生きる

歩みの導き手は、〝感謝の心〟だと思っています。朝目覚めることができてありがたい、食事をいただけてありがたい、仕事ができてありがたい、家族（恋人、友人）がいてくれてありがたい……。かかわってくれている人、置かれた環境を含め、自分がいまこうして〝ある〟ことに感謝する。それを基盤に生きたら、真理から外れることはありません。

人生一夢中《じんせいいちむのなか》

人生は一瞬の夢にすぎない。
だからこそ、
真理とともに歩むことが大切。

大晦日は暮らしの棚卸し、心の棚卸しをする

本《ほん》年《ねん》無《ぶ》事《じ》千《せん》秋《しゅう》楽《らく》

平穏無事に一年を終え、
大晦日を迎えたことを祝う。

12月31日

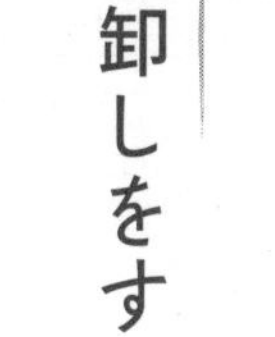

大晦日のすごし方は人それぞれだと思いますが、ひとつ提案したいと思います。大掃除や買い出しなど、新年を迎える準備を少し前倒しして、大晦日はじっくり一年を振り返り、見つめ直してみる時間をつくる、というのがそれ。いってみれば、その一年の暮らしの棚卸し（決算）と、心の棚卸しです。すっきりして、いい新年を迎えましょう。

枡野 俊明（ますの しゅんみょう）

曹洞宗徳雄山建功寺住職、多摩美術大学美術学部環境デザイン学科教授、庭園デザイナー。大学卒業後、大本山總持寺で修行。禅の思想と日本の伝統文化に根ざした「禅の庭」の創作活動を行い、国内外から高い評価を得る。芸術選奨文部大臣新人賞を庭園デザイナーとして初受賞。ドイツ連邦共和国功労勲章功労十字小綬章を受章。また、2006年『ニューズウィーク』誌日本版にて「世界が尊敬する日本人100人」にも選出される。庭園デザイナーとしての主な作品に、カナダ大使館、セルリアンタワー東急ホテル日本庭園、ベルリン日本庭園など。主な著書に『禅、シンプル生活のすすめ』、『心配事の9割は起こらない』（いずれも三笠書房）などがある。

出版協力：中野健彦
編集協力：佐藤弘子・コアワークス（吉村貴／水沼昌子）
装丁：おおつかさやか
本文デザイン・イラスト：室井明浩
DTP　プリ・テック 株式会社
制作進行：岩尾良
校正：川平いつ子

毎日《まいにち》に感謝《かんしゃ》したくなる
禅《ぜん》ごよみ365日《にち》

2019年12月15日　発　行
2025年3月3日　第8刷

NDC181

著　者　枡《ます》野《の》俊明《しゅんみょう》
発行者　小川雄一
発行所　株式会社 誠文堂新光社
〒113-0033 東京都文京区本郷3-3-11
https://www.seibundo-shinkosha.net/
印刷所　星野精版印刷 株式会社
製本所　和光堂 株式会社

ISBN978-4-416-71937-4